熔《と》ける日本の会社

自覚なき
戦時経済の大問題！

経済評論家
渡邉哲也

元大王製紙会長
井川意高

ビジネス社

はじめに

渡邉哲也

今回の井川意高さんとの対談企画は、私からお願いして実現した。私は、文化人放送局で猫組長の経済セミナーという番組のMCを務めている。ご存じの通り、猫組長(菅原 潮)さんは元山口組の組長であり、山口組の金を扱ってきた金融の専門家である。いまは投資家、評論家として活躍されている。

ある日、猫組長から、「先日、井川さんと食事したんだけど、とても面白い人だから番組に呼びたい」と提案いただいた。私もご著書やTwitterで名前は知っていたものの、ご本人との面識はなかった。けれども、面白そうだから呼んでみたいとプロデューサーに提案、井川さんご本人にも快諾いただき、番組に出演していただくことになったわけだ。

直接、生で話を聞いてみると、本当に面白い。波乱万丈の人生であり、同時に他の人が経験したくてもできない光と闇を共存している人だった。**大王製紙**(3880)というオーナー企業の御曹司《おんぞうし》として生まれ、東大にストレート入学、学生時代から名家の後継者として多くの企業人や政治家と親交があり、帝王学を学んだ人である。その一方でカジノにはまり、結果的に特別背任で刑事告訴され、実刑判決で刑務所にも入っている。

もともと私も企業経営者であり、零細企業の社長である。そもそも論でいえば、経済評論家をやろうと思っていまがあるわけではなく、いつの間にか現在の仕事が本業になっていたという変わり者である。井川さんとは規模はまったく違うが、私の実家も商売をしており、地元の政治や財界人の出入りがあった。それが今の私のものを見る目と評論の根底にある。そういえば猫組長も祖父は芥川賞作家であり、芦屋のお坊ちゃんである。

改めて考えてみると、3人ともまったく異なる環境ではあるが、普通の人とは異なる因果な人生を送っている。学者や役人などと対極に位置する存在であり、自然発生的に言論界に足を踏み入れ、それが生活の一部になったという不思議な共通点があったのだ。それも知り合ったきっかけはＴｗｉｔｔｅｒであり、そこから交流がはじまったのである。そして、今回の書籍が刊行されることになった。

私は経済とは金の話であると考えている。お金には裏も表もなく、あるとすれば綺麗事と本音があるだけだと感じている。そして自分の金で商売している人がもっともお金に詳しく、損をした経験とそれを糧にする力があるかどうかが経営者としての器であると考える。

その点でいえば、井川さんの器はでかい。創業家出身というアドバンテージはあったが、自ら取引先との関係を改善し、ブランド戦略を大きく進め、大王製紙の家庭紙事業の黒字化に成功した。これが評価されて社長になった方であり、単なる世襲経営者ではない。大王製紙を立て直した優秀な経営者だったのである。

本書では井川さんとの対談を通じて、いまの日本が抱える数多くの問題を経営者視点で分析し、その解決策を導いている、また、それは純粋に現実に即したものであり、学者などが語る机上の空論の世界とは一線を画したものである。

そして、その視点は本当の意味のグローバルであり、「○○では」の「出羽の神」とは異なる本当の世界感で満ちあふれている。例えば、本書では上場企業をはじめとする企業の実名がちりばめられており、実話に基づく生々しい話やエピソードが満載である。これも実際に経験しなければ得られないものであり、ほかの書籍とは一線を画しているといえる。

私が物書きになって15年、多くの大御所の先生と対談させていただく機会を与えていただいた。長谷川慶太郎先生、渡部昇一先生、日下公人先生、ほかにも数多くの先生方から非常に多くのものを学ばせていただいた。それらの対談と同様の「ワクワク」に満ちあふれているのが本書であり、それは偏《ひとえ》に井川意高さんの経験とそのお人柄による部分がおおきいのだと思う。

本書は日本社会と企業の処方箋であり、同時に冒険活劇でもあり、人生ドラマでもある。非常にまじめな対談ではあるが、そこに「知の面白さ」のエッセンスがちりばめられている。時に泥臭く、時に血なまぐさく、そして潔癖でもある。なぜなら、そこに私利私欲は含まれておらず、証券屋のようなポジショントークもないからである。

ぜひ、本書をご一読いただき「井川ワールド」をご体験いただければ幸いである。

第2章 銀行化する日本の企業経営

第3章 二進も三進も行かない製紙業界

第4章 王子製紙との合併交渉の内幕

第5章 日本は業界2社、3社体制で生き残れるか

第6章 必要なのはシンプルな制度設計

企業名のうしろにある番号は証券コードです。

第1章

イノベーションが不得手な日本の現状

大企業に入社すること自体がリスク

渡邉 今回の対談では創業家が抱える問題に留まらず、日本企業と経営の大問題といった大きなテーマを扱いたいと思ってます。なぜかと言うと、その構造は日本の政治経済全体が抱える問題と一体化しているからです。

井川 そういう方向ならば、日本の大企業におけるイノベーションの欠如はどこからくるのか？ そのあたりからするりと入っていきたいですね。答えから先に言うと、社内で結託して〝現状維持〟でそれなりに継続していけるので保身に走ってしまい、リスクを取らないわけです。

渡邉 それは日本の大企業のほとんどが減点主義に染まっているからです。それと日本の銀行そのものがリスクを取りたがらないことです。１９９０年代のバブル崩壊以降、一貫してリスクを取らない経営しかしてこなかったから、要はまともなバンカーがいなくなった。伸びる企業を見立てて支援する本来のバンカーがね。

井川 そうですよね。私が絡んだ銀行に関するエピソードもあるので、それは後でお話しするつもりです。私に言わせると銀行はもちろんのこと、一般上場企業がすっかり〝銀行化〟してしまっている。その理由とは何でしょうか？　結局、企業のなかの社員や役員にとっても、リスクを取ることのアップサイド、つまり業績の伸びしろがほとんどないんです。いま、大企業に入社すること自体がリスクなんです。

良くて社内の出世競争を生き抜いて数十年後に社長になっても、日本の社長なんて平均数千万円しかもらえないじゃないですか。

ところが途中で会社が消滅するリスクもあるし、余計なことをして会社から弾かれるリスクもあります。ということから、結局何もしないのが正解という銀行化に陥ってしまった。これが日本の沈滞の大きな理由のひとつだと思ってます。すべてとは言いませんけれども、かなり的を射ていると思います。私は正直、日本の将来については残念ながら、とても悲観的に考えているんです。その点、渡邉さんは楽観的に捉えているのでしょうか？

渡邉　楽観的にしないと本が売れないんです（笑）。だから、こうすればどうなる的な話をいつもするわけです。

井川　たしかに。でも、処方箋はあるんです。経営者のみなさんも少しずつ方針は違うとはいえ、基本的にはわかっているんです。ところが日本は、それが実行できる社会風土、組織風土、政治風土ではないことが大きな問題として立ちはだかってくる。やっぱり日本って〝外圧〟が来るまで自己改革ができない国民性かなと思ってしまう。

渡邉　2022年末の日米首脳会談もそうでしたが、亡くなった安倍晋三さんは壮大なビジョンを出したのに、安倍さんがいなくなったあと、外交方針が欧米追従に立ち戻ってしまったでしょう。結局、日本の政治家にはビジョンがないんです。

井川　そうですね。手土産持っていって、頭を撫《な》でてもらってオシマイですから。その点安倍さんは、外交だからそれなりの手土産は持っていったけど、きちんとその分向こうからもらうべきものをもらって帰ってきてました。そこがいまの岸田文雄首相とは全然違うわけです。

受刑者の大顰蹙を買った刑務所民営化

渡邉　私は日本企業同士でラインを組めば最高のものができると考えています。けれども、系列とかしがらみで、すべての工程を自社内で片付けようとするから、まるでシステムが発展しないんです。

日米首脳会談　米国は中国を念頭にした半導体関連の輸出管理の強化を日本にも求めた。

井川　要は日本人って、組織の一部や個人にとって最適な状態を優先する「部分最適」が得意で、会社やチームなどの組織全体が最適化される「全体最適」は不得手なんです。

渡邉　たしかにそうだ。

井川　評論家の山本七平さんがこう書いてました。日本の組織はすぐに公転を止めて、〝自転〟を始めるって。

渡邉　井川さんの年齢だと、リアルタイムで山本七平さんを読んでいましたか？

井川　父の本棚から引っ張り出してきて、私も読んでました。中学生ぐらいから父の本棚にある本を読んでいました。

渡邉　のっけから脱線してしまうんですけど、本といえば、井川さんは大王製紙社長・会長だったという紙つながりで、栃木県さくら市の喜連川《きづれがわ》刑務所（社会復帰促進センター）では図書係をされたそうですね。そこではどんな仕事を任されていたのでしょうか？

井川　まあ、小学校の頃の学級文庫みたいなものの運営係でしょうか。受刑者への差し入れの本や雑誌をすべてめくって、中に手紙や金属類が紛れ込んでいないか。あるいは受刑者が自分で買った本を洩《も》れなく検査してました。それから、その学級文庫を毎月入れ替える係を仰せつかっていました。

山本七平（1921～1991）評論家。山本書店店主。保守論壇で活躍。著書に『「空気」の研究』『日本教の社会学』など多数。

そうした運営の大元を請け負っていたのが小学館集英社プロダクションという小学館と集英社の共同出資会社でした。もともと兄弟会社ですから、これがひどいんですよ。両社で売れなかった本を押し付けてきてね。いったい誰が読むんだ？　みたいな本ばかりなんです。

いまでも覚えているのが、『優勝へ！　星野阪神「大躍進の秘密」』（2003年刊）。それは2003年だけの話題だろ、みたいな古い本です。それが同じ刑務所の1工場用に十数冊も入っていた。だんだん私も慣れてきて、看守（刑務官）とも仲良くなってきたので、「おかしいよね」と話し合ってました。

それじゃあということで、被っているものはどんどん抜いていったわけですよ。まあ、同じ工場で2人読みたい本があるかもしれないから、2冊まではいいだろうってルールを決めました。とにかくその年に出した小学館と集英社の2社の企画本で、売れなかった本を全部買い上げて、刑務所に配本していたケースが多かったのです。

渡邉　こんなに便利な在庫処分法があったのか（笑）。でも、ろくでもない話ですね。初めて聞きました。

井川　大王製紙の経営者時代には色々と出入りさせていただいて、小学館、集英社には大変お世話になりました。何と言うか、てっきり紳士的な企業だと思っていたのに、こういうことをやるんだと思いました。TSUTAYA（カルチュアコンビニエンスクラブ、2011年上場廃止）が一時、図書館ビジネスで問題になりました。これがTSUTAYAならさもありなんだけど、あのジェントルマンばっかりの小学館とか集英社がそんなえぐいことをやるんだとびっくりしましたね。

渡邉　小学館集英社プロダクションとは両者の完全子会社ですね。おそらく両方でいかに黒字をつくるのかを考えて、刑務所を利用したんだろうと推測します。

井川　受刑者の更生を目的にしてるんだったら、それこそ世界の偉人の本だとか、努力して成功した人を扱った本とかを配本すればいいのに、そうした類の本なんて1冊もないわけですよ。その年に流行させるためにつくったけれども、売れ残った本しかなかった。

ただ、刑務所をめぐる仕組みも色々と変わってるみたいです。私がお世話になった喜連川刑務所は民営化が中途半端で、失敗したほうです。山口県の美祢《みね》刑務所（社会復帰促進センター）のほうは、例えば出入室に関してはすべて電子式にして、受刑者の自主性に任せるみたいな形で運営した成功例と言われています。

ところが、2007年にオープンした喜連川刑務所（喜連川社会復帰促進センター）は単

図書館ビジネス　地方自治体から図書館の運営を任されたTSUTAYAがカフェや書店・レンタル店を併設するなどして公私混同のビジネスモデルと非難された。

純にコストダウンだけ図って失敗しました。とにかくメシが滅茶苦茶にまずかったね。**三井物産**（8031）の子会社のエームサービス（2003年上場廃止）が食事部門を請け負っていたんですが、民間企業にメシを任せたらどうなるかの典型でした。徹底的に食材費をケチって利益を取ろうとするわけだから、当たり前なんですが。

味噌《みそ》の味がしない味噌汁は最悪でした。エームサービス側は「受刑者の健康を考えて塩分を減らした」などと言い訳していましたが、実際はコストダウンでした。この件は刑務官の言質《げんち》も取りましたから100％確信しています。

ホリエモン（堀江貴文）との対談本『東大から刑務所へ』（幻冬舎新書）のなかで、私は「三井物産の子会社がよくこんなビジネスモラルに反するようなことができるな」とぶちまけた。それでのちに刑務所から出てきた人間と話したら、その本が出た途端にエームサービスが食事部門を切られたことを教えてくれた。そしてメシがうまくなったと。彼は「受刑者のみんなが、これは井川のおかげだと喜んでいた」と言っていました（笑）。

渡邉　アメリカの刑務所でも民営化は問題になってます。民間系に食事を任せると、露骨なコストダウンをするため、受刑者からブーイングの嵐だと伝わっています。

井川　そうなんですよ、もともとコストダウンを図ってたわけだから仕方ない。だいたい

堀江貴文（1972〜）実業家・著作家。会社を時価総額8000億円、売上高784億円企業に成長させ、「時代の寵児」に。ライブドア事件で有罪となり入獄。

受刑者の食事って、1日で500円弱、4百数十円なんです。朝、昼、晩の3食含めてですよ。

官営時代には献立づくりから何から全部係官の仕事で、それは固定費のなかに入っています。それで食事をつくるのは、炊場係の受刑者たちです。食事づくりも受刑者に科される刑務作業のひとつなので、要は人件費はゼロ。だから実際には、刑務所の食事部門の予算は食材費のみということになっちゃうのです。

これを入札に出してしまったわけです。そもそも従来よりも安い予算である上に、そこには諸々の企業の固定費から交際費まで入っているのだろうから、それは食材をケチるに決まってる。

私がいたときの喜連川では、セキュリティチェックや差し入れのチェックを**セコム**（9735）が担当していました。でもエームサービスが切られたように、セコムもなくなったと、さっき言った元受刑者から聞かされた。たぶん元に戻った。でも、いい意味で元に戻ったのだと思います。

渡邉　官営に近くなったわけだ。

井川　ただ、誤解されている人が多いんですけど、民営と言っても、いま言ったようにモノの検査だとか、図書を入れるとかまでは民営化はできます。けれども受刑者に対して「あれしろ、これしろ」っていうのは公権力の行使なので、国家公務員しかできないんです。つまり、看守しかできない。実際に命令を下すのは全部看守なんですよ。ですから、中身は本当の刑務所です。

渡邉 それじゃあ、民営化なんて意味がありませんね。ただ、コストダウンのためにやってみたけれども、評判が悪すぎたっていうだけの話だった。ある意味で二重行政になるみたいなもので、内部の待遇が悪くなるだけだったにすぎない。

井川 そうなんです。食い物も悪くなるに決まってる。ここでの食事の〝最終評価者〟は本来は受刑者なんです。けれども、受刑者の意見って看守に聞いてもらえないんだよね。だから、「試しに看守も受刑者と同じメシを食ってみろ、お前らこれを毎日食えるか！」ってホリエモンとの対談本では書きました。

日本をデフレにした元凶はイオン

井川 ちょっと脱線したので、話を日本企業に戻しましょう。少し前に、ウクライナ戦火で日本の各メーカーが値上げせざるを得ない状況になったとき、ある中堅スーパーが**花王**（４４５２）製品８００品目のうち、値上げした約５００品目を排除して店に置かなくなってしまったのには、驚いたのと同時に呆れてしまった。

そのスーパーは良心的な価格付けで評判なんですが、値上げされた商品を売りたくなかったんですね。首をひねったのは、エブリデー・ロープライスならば、他よりも1円でも安ければいいはずなので、どうしてかなと思っています。

渡邉　だから、それがデフレの元凶なんですよ。結局、大店法改正が本当に良かったかっていう話になってしまう。

井川　紙の仕事をしていたときから苦手な取引先だったのが**イオン**（８２６７）でした。もう理屈もクソもなくて、うちは日本の小売の2％以上のシェアを持ってんだから、安く仕入れて当たり前だろうと、ドンと机を叩いて値切ろうとするんだよね。

うち（大王製紙）の本部長なんかは、「イオンとは付き合わないわけにはいかないけれど、付かず離れずで、年間これ以上取引しないように決めましょう」って提案してくるぐらいの取引先でした。日本をデフレにした元凶の25％ぐらいは、あのイオンの創業家の岡田家のせいだと私は思ってます。

渡邉　結局、イオン（当時はジャスコ）創業者の岡田卓也の次男、経産省出身の岡田克也が１９９０年に代議士になって、大型店の出店を容易にする改正大規模小売店舗法（改正大店法）を成立させ、１９９２年1月31日に施行された。まあ、イオンに都合がいいように我田引水したわけですね。

そういう意味において、ここ20年間、日本経済を悪くした〝戦犯〟のひとつにイオンを挙げなければならないでしょう。

井川　絶対に間違いなく入ってます。肌で感じてます（笑）。

渡邉　地域別の独禁法を厳しくしないといけない。イオンなどはエリア別でシェア80％を持つところがあるでしょう。そうなると、もう他社としてはどうしようもないわけです。全国シェアで見るだけじゃなくて、エリアシェアでも独禁法の網を被せなきゃいけない。

あとイオンがずるいのは、別会社にしてマックスバリュだとかスーパーセンター、ダイエーなどを展開しているけれど、オーナーがイオンであれば一緒ですから変わりばえしない。特に東北や北海道に行くと、イオン系の店ばかりが目について仕方がない。北海道で「イオンまで１７０キロ」っていう看板を見たときには笑ったね。

そこにはかつてはイオンがあったんだけど、店舗を廃止してしまい、その地域にはもはは

大規模小売店舗法　大規模小売店舗の商業活動の調整を行う仕組みを定めた法律。百貨店、量販店などといった大型店の出店に際して中小小売業者を保護したもの。

や大規模スーパーがないわけです。その地域の他スーパーを焼き尽くしたイオンが出店して行ったからなんです。たしか福井県はただひとつイオンモールが存在しないところだったはずです。

モバイル業界第4位の楽天は生き残れない

渡邉　井川さんは流通の現場にはけっこう行ってたんですか。

井川　大王製紙のなかで、紙おむつ、トイレットペーパー、ティッシュペーパーなどの家庭紙を長く担当してましたからね。**イトーヨーカ堂グループ**（セブン&アイHD、3382）はまだ理屈が通るんです。値下げしろって言ってくるんでも、「こういうコストが下がりますよね」と理詰めな交渉をしてきたから筋は通ります。

逆に商品開発でも、一応価値を認めてもらったら、その分はプラスアルファの価値で売ってやろうかというポーズまでは取ってもらえるんで、われわれは納得はするんです。

われわれの側、メーカーと代理店側の小売業についての共通認識はこうでした。「イオンと付き合ったら殺される」。昔はダイエーだったんですけど、いまはイオン。ヨーカ堂と付き合ったら、「生かさず殺さず、絞られる」ってものでした。

渡邉　ヨーカ堂は**トヨタ自動車**（７２０３）みたいな認識なんだ。トヨタに部品を納入しているメーカーはかなり絞られています。

井川　それでもね、殺されないだけでありがたい（笑）。とにかくイオンには理屈はないですから。

渡邉　やはり大きくなりすぎたイオンはバラ（分割）さなきゃ駄目ですよ。あとは物流か。いわゆるＥＣビジネスもやはり巨大すぎる。

井川　まあアマゾンはどうしようもないですけど、バラされるかどうかは別にして、**楽天グループ**（４７５５）は数年以内に丸ごと〝身売り〟だと、私は睨《にら》んでますけどね。

アマゾンの部門別売上高比率

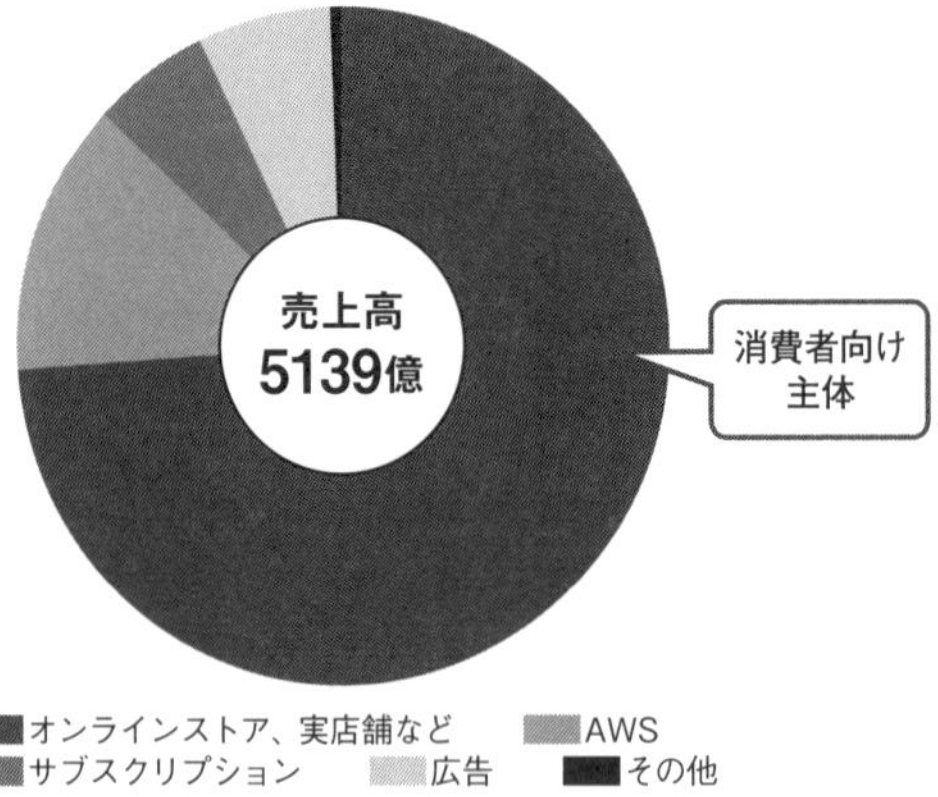

週刊東洋経済2023年2月25日号

ECビジネス　ECモールや自社サイトなどを活用し、インターネット上で行う電子商取引の総称。別名eコマース。代表的な企業として楽天やアマゾンなどがある。

渡邉　ここはカード事業などの金融のほうは調子がいいんじゃないのですか。

井川　でも、楽天のモバイル部門だけを引き受けるところは、どこにもないですからね。金融もセットで売られるはずです。いま、唯一あるとしたら中国資本なのでしょうが、それはさすがにいくら親中の自民党政権でも、認めるわけにはいかない。となると、いまある既存キャリアのどこかが、モバイル部門は損覚悟で引き取ってやるけど、その分、金融もECも抱き合わせだよねっていう条件になるでしょう。

渡邉　楽天は海外進出についてはシンガポール、インドネシア、マレーシアなどのECモールから撤退。英国、スペイン、オーストリアといった欧州プロジェクトも駄目で、全戦全敗。全部撤退しちゃった格好だ。のれん代でもそうとう損をしているのではないでしょうか。

自前回線のない楽天がモバイルで基地局を借りているのは**au**（KDDI、9433）ですよね。一方、**ソフトバンク**（9434）はソフトバンクで親会社がおかしいので、場合によったら、ソフトバンクと楽天をひとつのモバイル事業会社に統合するということもあるかもしれない。

井川　なるかもしれないですね。

のれん代　企業が保有するブランド力や技術力、ノウハウなどの無形固定資産。企業買収で支払った金額と買収先企業の純資産との差額ともいえる。

渡邉　国が背後から銀行をくっ付けて、みたいなパターンも考えられます。

井川　日本の場合、それぞれ**NTTドコモ**（9437）、au、ソフトバンクのメインバンクの絡みも政治的に働いてくるでしょう。私はドコモが国策会社で、なんだかんだ言っても経営的には強いから、引き取るかなと見ています。auはEC方面が弱いから、自分の弱点を補うために引き受ける。ソフトバンクについては、いまは自分自身が傷んでるから、ちょっと難しいかなって推測しています。

渡邉　ドコモというかNTT（9432）はもともと三菱なんですね。やっぱり国策ですから、メインバンクが**三菱UFJ銀行**（8306）なのです。三菱から金を借りてたら、**みずほ**（8411）も**三井住友**（8316）も借りてくれと言ってくる。結局、ソフトバンクが厳しいんでね。まあ、通信が4社もあるのは多すぎるんで、せいぜい3社がいいところでしょう。つまり、どこが〝淘汰《とうた》〟されるかということになっている。

井川　さっきも申し上げたけれど、それは間違いなく楽天です。やっぱり三木谷浩史氏は海外進出はうまくいかなかったとはいえ、これまで大きな失敗をせずにきて、天狗《てんぐ》になってしまった。数千億単位、下手したら1兆円まで行くような巨大な設備投資をしてきて、しかもこれから5G、6G時代を迎えるにあたって天文学的な投資が必要でしょう。そんな業界で〝第4位〟は生き残れません。

私がいた製紙業界もそうだし、あの孫正義さんが買ったアメリカの通信キャリア第4位スプリントだって結局上げも下げもならずに、実質的に手放したじゃないですか。少しだけ持ち分を残しているけれどもね。

ましてや新規参入で、他社はみんな償却の終わった設備、要は数千億円、1兆円以上の償却済み資産を持って競争してるところに、楽天はゼロから飛び込んでいった。償却負担に耐えられるはずがない。顧客ゼロからスタートしているわけですし。

実際に資金繰りも怪しくなっているようで、楽天証券株の約20%をみずほ証券に譲渡して800億円を調達したりしている。2023年中には楽天銀行と楽天証券ホールディングスの上場を予定し、資金調達に大わらわの状況です。

いま製紙業界で、**王子製紙**（3861）、**日本製紙**（3863）、大王製紙の次に、第4位の製紙会社をスクラッチ（最初から）でグリーンフィールド（新規）でつくりましょうかって言ってるのと一緒。まあ、狂気の沙汰としか言いようがない。あれは三木谷氏が、菅義偉元総理にまんまと乗せられました。

夜郎自大になってきた三木谷社長兼会長

渡邉　それもあるし、もともとJR資本でやってたJ-フォンが2001年に英ボーダフォンになり、2006年にソフトバンクモバイルに変わっていく経緯を振り返ってわかるのは、鉄道会社でさえつくれなかった通信インフラを、何も備えてない会社がつくれるはずがないということです。

井川　いままでうまくいってきたんで、やっぱり夜郎自大《やろうじだい》になってきたんでしょうね。

楽天の元社員と話してみると、三木谷氏の悪口こそ叩かなかったけれど、こう言ってた。「彼と一緒に仕事して、楽しい思いをする人間なんてだれもいないよね」ってことです。

そして、あれも本当だったみたいですね。東日本大震災のときに放射能が怖くて真っ先に関西に逃げたのが三木谷氏だったということです。噂にはなってたんだけど、「あれって都市伝説みたいなものか？」と三木谷氏に近い人物に聞いたんです。そうしたら、「いや、本当なんだよ」と返してきた。「役員会で福島がどうなるかわからないんで、本社機能のバックアップを取ろう。いざという場合のために大阪に第2本社をつくろう。それは正しい。その通りだって役員会でみんな賛成したとき、彼が、ついては僕が大阪に行くと言い出したので、役員全員がずっこけた（笑）」。

ふつうはトップが最前線で陣頭指揮をとって会社を守らなきゃいけないんじゃないの。

渡邉　そもそも放射能があったとしても、チェルノブイリ原発事故の実例を見ても、東京と福島は離れてるから、まず死ぬような放射線量にはならないはずです。

井川　自慢じゃないですが、私は地震の直後、因縁というかなんというか、栃木の喜連川にうちのオムツ工場があったんで、速攻で向かいました。ガイガーカウンターがガーガー鳴っていました。工場の人間は逃げられるわけがないし、壊れた紙オムツの製造ラインを一

厳しさを増す楽天グループの業績

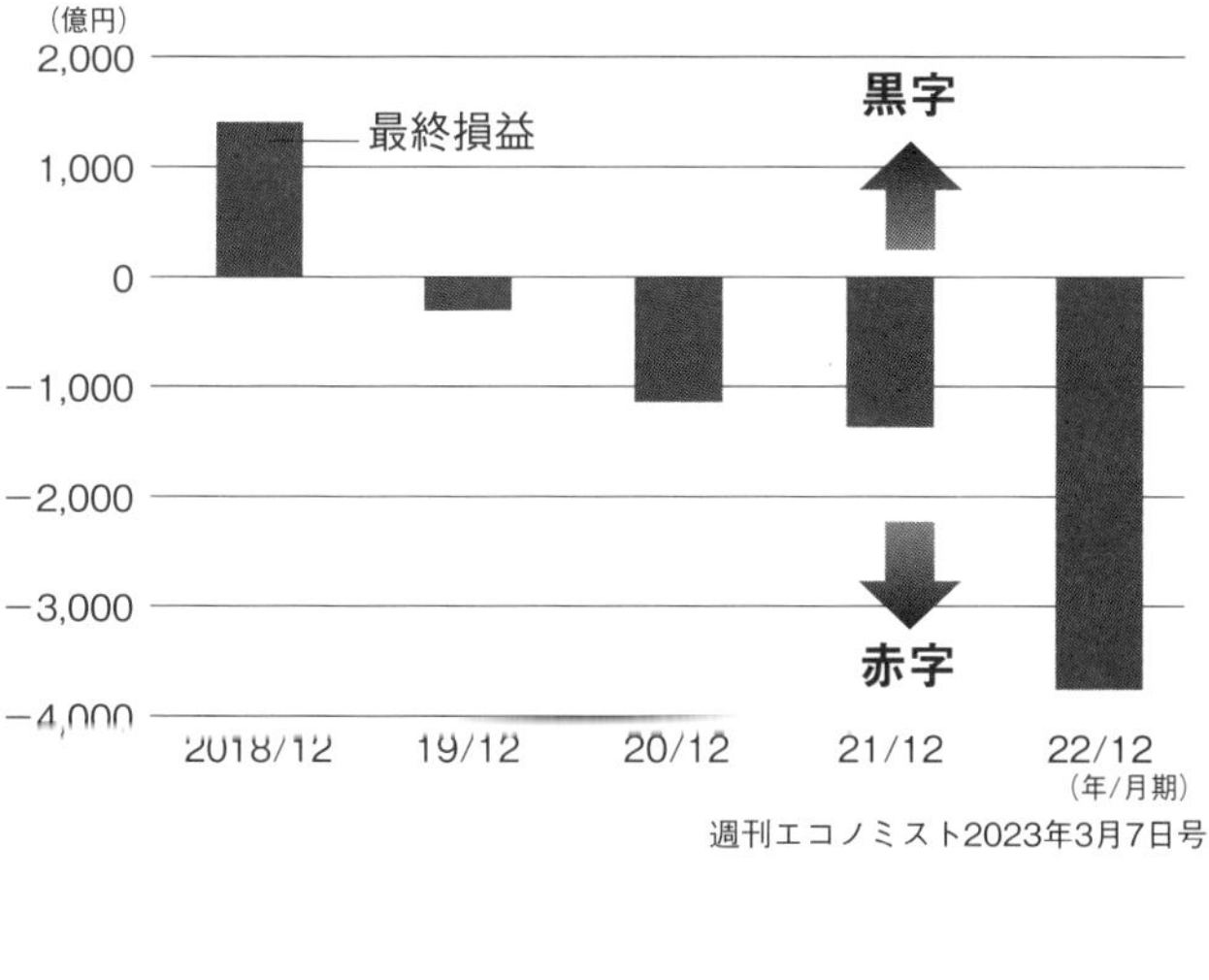

週刊エコノミスト2023年3月7日号

生懸命に修復していたので、私も現地に丸1日滞在して叱咤激励し、それから次に福島のいわきに向かいました。

いわきに大王製紙の工場があって、そこは古紙を最大限に利用するという新コンセプトでつくられたところでした。そこの総務部長に「浜のほうを見られますか」と言われて、いわきから小浜まで行った。一般車の高速道路通行が許可になった直後の時点だったんで、おそらく地震発生1ヵ月以内だったはずです。

まだ自衛隊員が竹竿を使って、砂浜のなかに遺体が残っていないかどうか探していましたね。まあ、すべてがグチャグチャになっている状況を現地に行って見ましたから、いまだにまぶたから離れません。

けれども私が特別なことをしてるなどとはまったく思わず、当時の日本では普通の行動だった。というか、世界中で企業のトップはそうすると思うんだけど、違いますか。とにかく三木谷氏は真っ先に大阪に逃げたらしいです。また、その話に戻るんですけど。

渡邉　まあ、あのときに東京から脱出した人はいっぱいいて、言論人のなかでも、某有名な社会学者とかね（笑）。

井川　普段の言論の方向性から言ってもそうする人でしょう。

日本の効率的な輸送網の成立は部分最適の象徴

渡邉　これはあまり知られてないのかな。チェルノブイリ原発事故の後も、被曝者たちの検診をしていたのは〝日本財団〟なんですよね。ずっと最近まで。いまも続けているんじゃないのかな。年に1回検診チームを派遣して、被曝した子どもたちがどう成長したのかをチェックしてきた。だから、唯一チェルノブイリ原発事故に関する長期的な医療データを持っているのが日本財団なんです。結局、これまで検診を続けてきて出した答えは、被曝者の身体にそれほど大きな影響が出ていないというものでした。

要は、温泉の原理で、ぬるま湯にゆっくり入っていると、逆に致死率が低下して筋肉がほぐれるみたいな理屈らしいです。

井川　私が聞いたのは、ペルーのリマだったか、高地にある場所は普段から空気がそうとう薄いことから、あの当時の福島ぐらいのシーベルトは常に浴びてるという説だった。

渡邉　花崗岩《かこうがん》は放射線を出すことで知られています。韓国のソウルは基盤岩にラジウムを含む花崗岩が広域に分布しているので、空中放射線量を量ると東京の10倍以上を出してい

日本財団　競艇の収益金をもとに海洋船舶関連事業の支援や公益・福祉事業、国際協力事業を主に行っている公益財団法人。1962年に笹川良一によって創立。

る。しかもソウルのような場所は世界のあちこちに存在する。そんなことを言ったら、岡山県と鳥取県にまたがる人形峠（天然ウラン産出地）のあたりなんか住めなくなっちゃう。「北投石」という秋田県の玉川温泉から出る鉱物があって、学術的には含鉛重晶石と扱われているのですが、これは放射性物質であるラドンなんです。ちなみに北投石という名前の由来は、台湾の台北にある北投《ペイトウ》温泉で産出されたからで、世界ではここと秋田の玉川温泉からしか産出されません。

ラドンを出す北投石の効能を信じている人が原発の放射線を恐れているのは、私にはものすごく不思議です。北投石みたいに自然からつくられた放射能と人工的につくられた原発から出る放射能は違うと信じ込んでいるわけです（笑）。物質として原子記号が一緒なんだから一緒だろうって思うんだけどね。

井川　いやあ、なかなかそのあたりが理解できない人って多いんですよ。だから、コロナの問題も同根でしょう。

渡邉　しょせん確率論の話なんです。ウイルスなんかも何％が定数で何人がかかるとどういう広がり方をするか。こんなものは全部計算の話なんだけど、感情的になりすぎる方がいらっしゃる。

だから例えば、いま中国で流行しているのがオミクロン型だったら、致死率は0・1％から0・5％なんですよね。ということは、10億人ぐらい感染していれば、100万人から500万人の間で死者が出ると推定ができるわけ。それで、それ以上の死者が出てくれば、株が強毒化したということになって、それ以下になるようならば、逆に弱毒化したなと判断する。

井川　その数値が読めない人が多い。まあ、Twitterをやってても、日本語を読解できない人が大半なんで、たぶん数字なんてもっと読めないんだろうなと思ってますよ。

渡邉　結局、イメージができないんです。ただ一方で先刻、震災の話が出ましたけど、日本は震災の復興については無茶苦茶に速いじゃないですか。東日本大震災の高速道路の復興と物流を支えたのは**ヤマト運輸**（9064）や**佐川急便**（9143）で、彼らが全部設計し直したんですね。彼らは物流のプロ中のプロなんで、瞬く間に現状に則した最適の供給網を再編しちゃいました。

世界中で日本ほどローコストで効率的な輸送網を備えている国はありません。翌日に確実に届く物流インフラは強靭《きょうじん》このうえない。その一方で、その安価さがデフレの原因になっているわけです。ガラパゴスのひずんだ仕組みが広がっているのが日本だといえる。

逆に言うと、そうした世界に誇れる効率的かつ強靭なサプライチェーンを確立したことで、みんな安泰になってしまって冒険する人がいなくなった。

井川　いや、ローコストで効率的な輸送網の成立は、一種のイノベーションにあたる。よく言う喩《たと》えで、それまで井戸に水を汲みに行くのに半日かけて何十人がかりでやっていた。そこで水道をつくったら、その分の労働力は他のことに使えるようになるから、それで経済発展する、成長するっていうのがイノベーションの理論。でも日本では結局、部分最適に向かっちゃうのです。そこでコストが下がったといって、値段を下げて終わらせてしまう。

渡邉　つまり、その大きな絵を描く、描ける人がいなくなっちゃった。とくに、あの焼け野原の後は、日本は抜群に強かったと思うんですよ。第2次世界大戦の後は類を見ない成長を遂げた。震災復興時も同じだと思う。だけど、そういう特殊状況にならないと、日本は強い姿にはならない。普段は役人的にリスク回避する日々を送る。まあ政治で言うならば、宏池会が典型なんだろうけどね。

宏池会　自由民主党の派閥。通称は岸田派。池田勇人が旗揚げした党内で最古の派閥。その戦闘力のなさから、しばしば「お公家さん軍団」と揶揄される。

他人の金で商売ができない日本人

井川　でも日本の経済界にとって、戦後に行われた財閥のパージ（追放）は大きかったと思いますよ。それまでの戦前の、良くも悪くも昔の発想の成功事例を持った人間が全部はねのけられてしまった。みんな若い人たちに入れ替ってしまい、ちょっと前のアメリカの状態になったんだと思う。戦後の日本の経済界ってイノベーション、革新的だったと思います。

渡邉　その財閥系のいい部分、悪い部分があるんだけどね。悪いのは財閥経営自体が銀行の合従連衡《がっしょうれんこう》でぐちゃぐちゃになったことでしょう。さっきも論じたように、本当のバンカーがいなくなった。金を貸す人がいなくなったので、リスクを取る人もいなくなった。日本においては、イノベーションを起こすのに、他人資本でビジネスができないわけです。

アメリカのファンドと新興企業の特徴というのは、提出した企画書が高く評価されれば、ファンドにお金が集まってプロジェクトを立ち上げられるから、全部他人の金で商売がやれるわけです。日本では他人の金で商売ができないでしょう。そこはひょっとしたら、社会システムの違いが大きいのかな？

井川　まず日本にはＧＡＦＡ（アルファベット、アマゾン、メタ、アップル）クラスの新興企業は出てこない。けれども見ていると、起業して間もない企業に出資するエンジェル投資家たちが出せるレベルでの成功者はけっこういるようです。

２０２１年にセミリタイアした知り合いの投資家に「いままでの成功比率はどれぐらいなの？」って聞いてみたんです。そうしたら、「出資した以上に戻ってきた案件は、案件数ベースで７割」と返してきた。「えっ、そんなにＩＰＯ（新規公用株式）をしたの？」と言うと、「いやいや、ＩＰＯできたのは全体の十数％」。

だから残りの６割ぐらいは、どこかに売ってしまうという形なんです。そういった意味で、彼は投資家としては成功者といえます。

それでお金を持って港区界隈で、派手じゃないけど遊んでる連中がけっこういるという話はよく聞きます。ですから、ＧＡＦＡクラスは出てないけれども、要するに銀行はお金を貸さないけれども、その代わりをしてるのが、規模はそう大きくなくても、一応一定数存在しているわけです。

渡邉　個人の投資家のレベルですね。でも、本来はそれは銀行の仕事です。

井川 そうなんですよ。

渡邉 社会システムとしての銀行の機能不全にもいろいろな理由があって、デフレが元凶でゼロ金利、マイナス金利をやってるから、貸し手の銀行としては全然マージンが取れない。その一方で、例えば住宅ローンのフラット35などは固定金利で、しかも現在は金利が超安いので、みんなフラット35に切り替えられてしまった。そんなこんなで銀行は、手数料商売しかやっていません。

こうなってくると、社会システムのなかで決済機能システムとしての銀行しか要らなくなってきているのが現実なんです。逆に決済ビジネスの可能性に目をつけたのが楽天でした。セブン-イレブンもスマートフォンの決済サービス、セブンペイを開発して参入したけれど、あそこはスタートでミソを付けて結局、30億円の損失を計上してサービスを停止してしまった。

覚えてますよね。セブンペイが始まった直後から不正アクセスが続いて、利用客の口座からお金がどんどん抜かれていった事件がありました。この当時、セブンとファミマが同時にキャッシュレス決済を始めるにあたり、経済産業省は不正アクセス犯罪を防ぐ手立てとして、「2段階認証」システムの導入を推奨した。というか、指導したんだよね。ＩＤ

とパスワードのみでは心許《もと》ないので、もう一重のガードが必要と捉えたからです。
　ところが、セブン側はそれを怠っていたのです。２段階認証システムを採用せず、ＩＤとパスワードのみで本人確認を済ませるシステムを採っていた。この事件は自業自得以外の何物でもなかった。
井川　そうそう。謝罪会見でセブンペイの社長が「２段階認証って何ですか？　それは？」と首を傾げたのは語り草となっている。
渡邉　日本の大手小売流通のなかで、セブンはいわば電子決済の負け組でしょう。通販のオムニセブンもずっと低空飛行し続けた。でも、**セブン銀行**（８４１０）自体は非常に使い勝手が良かったです。セブン銀行のＡＴＭ

セブン＆iグループのセグメント別営業利益推移

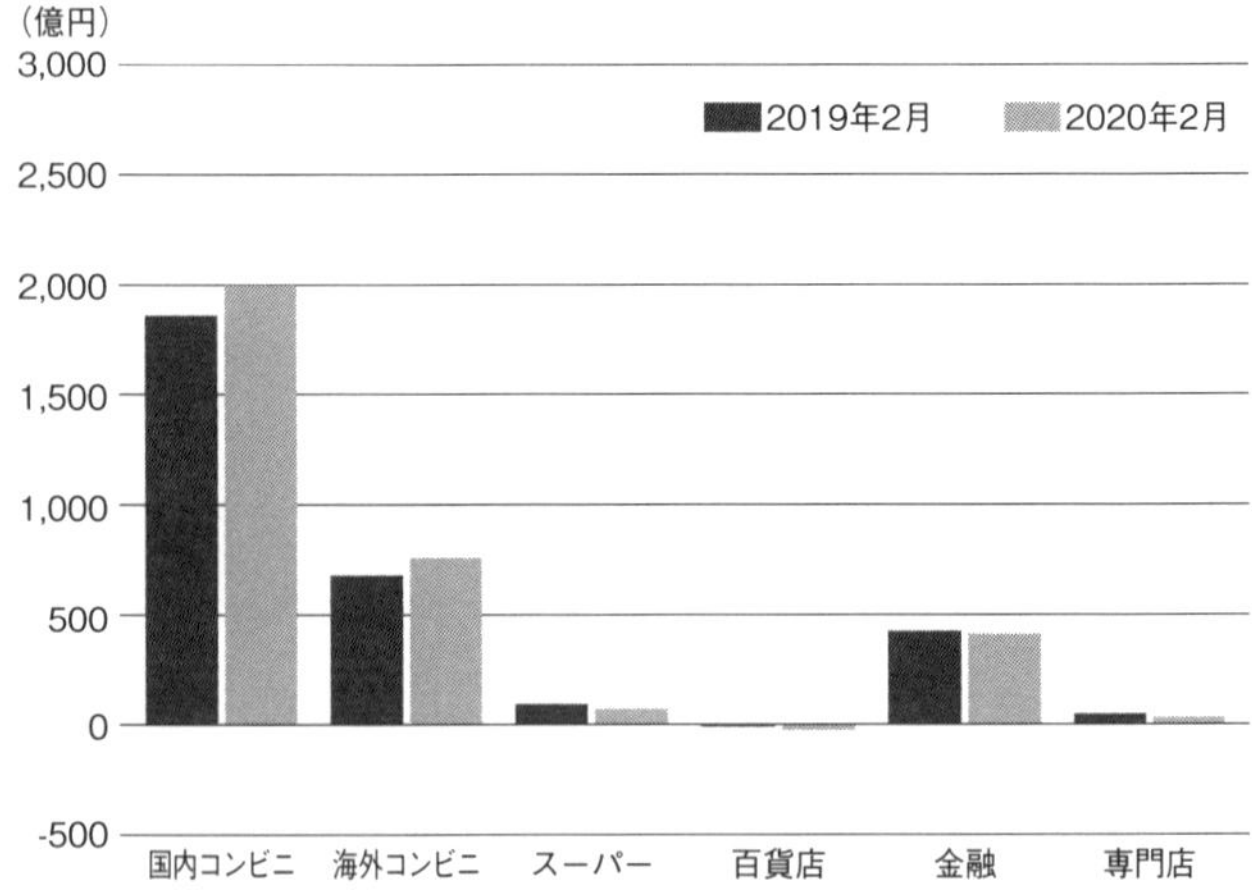

は外国カードも使えるところも多かったし。

実はあの磁気ストライプカード、日本のものと外国のものとでは違う。個人情報が保存されている裏面上部の線部分の場所が異なっている。最近のカードだとキャッシュカード一体型クレカには2本の線が入ってる。キャッシュカードとして使う場合とクレカとして使う場合で挿入方向が違うんです。

井川　ああ、そういうことか。なんか面倒だなと思っていたんですが、そういうことだったんですね。

渡邉　日本の交通系ICカード（電子マネー）システム自体、良くも悪くも日本独自の仕組みを最初に完成させて、そこから発展していない。JR東日本のICカード乗車券Suica、ソニーが開発したICカードFeliCaの仕組みも日本が世界に先駆けてつくった非接触型電子決済です。逆に高断波性があることから、セキュリティ上もQRコードなんかよりも全然優秀なんです。

結果的には、もともと駅の自動改札機用に開発されたものなので、導入コストが高い。あとは加盟店手数料が3・5%と、これまた高い。一方、スマホでQRコードを読むだけだったら、売り手側の設備投資コストはかかりません。これが普及の大きな差となっているのです。

トヨタのハイブリッドは最後の足掻きか

井川　私、ＥＶ（電気自動車）はあんまり好きじゃないんだけど、ＥＶとトヨタのハイブリッド車との関係もカードの世界に近いですよね。

渡邉　エネルギー保存の法則からすると、発電してそのままモーターを動かすほうが効率的なんです。なぜなら発電して蓄電すると送電ロスも入れて、なんと7割もロスを出すわけです。１００の燃料を焚いて、30しか使えないのです。１００の燃料を焚いて、ほぼ１００使えるものとくらべると、どちらが効率的かは火を見るよりも明らかです。

なんで、こんな歪んだことが起こるかというと、ＦＩＴ（再生可能エネルギーの固定価格買取制度）で電気代を安くしてるからです。誤魔化《ごまか》しているのですよ、完全に。ところが、そういうことを誰も政治レベルでは言わない。

ＥＶについては、新しい蓄電池が開発されない限り無理でしょう。新しい蓄電システムができて、寒くなっても暑くなっても、電気の消費量が変わらない電池ができない限り無理。なぜかと言うと、低温になるとEVはカタログ表示をかなり下回る距離しか走れなくなってしまうという大弱点があるのです。

先般、テスラが韓国の公正取引委員会から訴えられ、罰金を徴収されています。EVモデル3・ロングレンジのカタログ表示が一度のフル充電で450キロ以上走行可能とあったのに、テストをすると冬場の走行距離は220キロと半分以下だったんですね。

寒くなると走行距離が縮むのと同時に、ガソリンエンジンならば暖をとれるし、道が封鎖されても、ガソリンは給油できるんで寒さで死ぬことはないでしょう。EVは吹雪の中で渋滞が起きたときに電池が切れたら、その時点から暖をとれないからね。

井川　この冬、大雪で高速道路がいたるところで通行止めとなり、大変でした。あれを見ながら、私は車についてはちょっと詳しいので、「この状況でみんなEVに乗ってたら全滅してるぜ（笑）」って呟《つぶや》いてました。

渡邉　内燃機関は日本の最大の技術なんです。消費者は「環境を守るEVに乗ろう」とか、環境重視のおためごかしの宣伝にすぐ引っかかるんです。中国は、日本の内燃機関の技術が最先端を走ってて、どうやっても追いつけない。その日本の立場を潰すために、EVで〝覇権〟を狙っているにすぎないのです。

　ヨーロッパの場合はディーゼルエンジンで失敗をやらかしました。ヨーロッパの自動車業界はディーゼルを中心に世界を動かしていたのに、VW（フォルクスワーゲン）によるディーゼルエンジンの排ガス規制不正問題でずっこけてしまった。そうなってくると、ガソリン車が正念場になってくるわけだけれど、ガソリンエンジンでは日本に敵わない。それでEVだという話になっただけのことです。

井川　私が主宰するサロンに経営学を教えている人がいて、自動車について雑談をしたんです。その人はEVだハイブリッドだは関係なく、こんな経営論があると教えてくれた。どんな分野においても、ある技術

自動車会社各社の販売台数と1台当たり純利益との関係

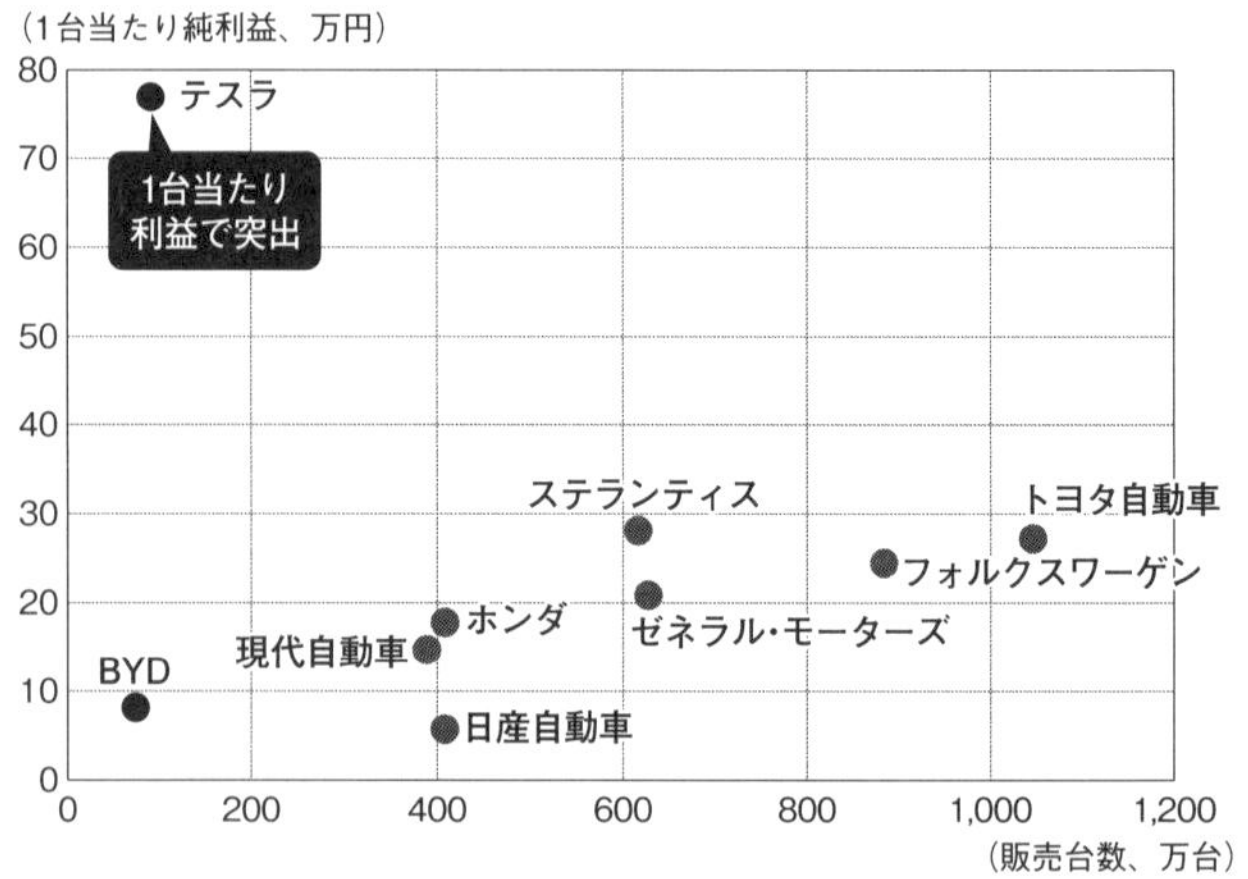

週刊東洋経済2023年2月25日号

排出ガス規制不正問題　2015年、VWのディーゼル車が排出ガス規制を不正に潜り抜け、有害排出物が規制を大幅に上回っていることがアメリカで明らかになった事件。

が進化してきた掉尾《とうび》、最後の最後にはきわめて〝複雑化〟していく。なんかもう技術の結晶みたいなモノができ上がるんだそうです。

だいたいそれが出た頃には、もう次の技術が背後に迫って来ているんだよね。要するに、次世代の技術の萌芽《ほうが》があるので、それに負けまいと頑張る。けれども結局、次のイノベーションには敵わない。トヨタのハイブリッドはそれですよ。最後のあがきのようなものです。そう彼は言っていた。それはエネルギーとして、どっちが効率的かっていう議論を、ちょっと横に置いておいてね。

ＥＶに負けまいとして、モーターに負けまいとして頑張って、逆に複雑化しちゃったという話ですよね。仕組みから言ったら、たしかにモーターなんてプラモデルにも使いますからね。

10年後には乗れないＥＶ

渡邉　いまなぜＥＶが世界中に置き換えられないかというと、やはり電池の問題なんです。そもそも地球上のガソリン車を全部ＥＶに換えるに足るリチウム量がないわけです。ということは、リチウム電池のＥＶでは無理だということになる。
だから、そこで超イノベーションが起こって、リチウムに代わる電池が登場してくるのか。そこがＥＶの生命線でしょうね。
全固体電池とかあるけれども、それがどの程度いけるのかはまだわかりません。超伝導技術（電気抵抗をゼロにする技術）まで行ってしまうのか、それだったら、燃料電池に一足飛びに向かったほうが、つまり、次世代の炭素素材であるカーボンナノチューブで、その場で水素の燃料電池に向かったほうが正解なのかもしれない。

井川　私自身は１９６０年代の車に戻るのが、いちばん環境に優しいと思っているんです。鉄だけでできていて、プラスチックもあまり使ってない。いまの技術でそんなに燃費の悪くない鉄だけでできたエンジンを使えば、リサイクルだって簡単だしね。
太陽光パネルでの電気づくりにしても、ウイグルの問題を別にしても、絶対にあんなややこしいものをつくって、あとあとの処分まで考えたら、環境負荷は絶対に高いに決まってる。安いものほど環境に負荷を与えていない。これが私の持論なんです。

渡邉　そうですね。それで車好きの井川さんとしては、１９６０年代のどんな車あたりを想定してるんですか？

ウイグル問題　新疆ウイグル自治区の独立運動をめぐる問題で強制労働が中国当局より行われていること。同地に関与するシリカ系製品の輸入を米国は原則禁止している。

井川　それはもう色々ありますが、要するに構造がシンプルだっていうこと。1960年代のアメ車はでっかくて、鉄はある程度使ってますし、ガソリンをがぶ飲みです。だから、いまの燃料制御の技術を使って省エネはできる。鉄でしかできていないと、リサイクルも簡単ですしね。

古い車か。そういえば、昔と違っていまは廃車置き場って見かけないですが。

渡邉　だって、みんなロシアに輸出しちゃう。おっしゃる通り昔は車を鉄くずにしてスクラップにしていたけど、近年は部品取りして、そのあとでロシアに売っちゃう。ロシアをはじめ、新興国に部品を全部バラして売るのです。そのほうが儲かる。

いまは壊れた場合は車を修理するんじゃなくて、基本、パーツ交換じゃないですか。車もユニットごと交換するんで、元気なユニットを取っておけばいいんですよ。

井川　例えば50年代、60年代、70年代までぐらいの車は、ヴィンテージカーとしてマニアが愛《め》でることはできる。けれども、いまの車はギアチェンジはボタンですし、ダッシュボードパネルはすべて液晶パネルですから、寿命が尽きたらおしまいです。しかも汎用品《はんよう》じゃなくて、ベンツのSクラスならSクラス用、日本のホンダ・フィットならフィット用とか車種別でつくっているわけだから、もう10年後には乗れないのです。

渡邉　ということは、決してエコじゃない。

井川　あとはいま安全上の見地から、車がどんどん厚く、重くなっている。そもそも電池って重たいじゃないですか。でも重くなればなるほど、エネルギーの消費って多くなりますから効率は悪い。

AIのいちばんの敵は人間

渡邉　そうとうな車好き、かつウンチク豊富な井川さん、これまで何台車を乗り継いできたんでしょうか？　参考までに聞きたいんですけど。

井川　コレクションとして買ったのは別として、18歳から乗り始めてから、案外少ないんですよ。自分用の車として乗って、買い換えたのは5、6台です。サイクルで言うと、1台6、7年は乗ってます。やっぱり車好きなんで、車に対して愛着が湧くほうなのかな。ただし、もう5年前から自分で運転するのはやめてます。

最初はBMW635に乗って、その後はスカイラインGTRで、アルファロメオと続きました。車は会計上は6年償却ですけど、償却が終わってからも乗ってるぐらいでした。

はっきり言って、いまの車で愛着の湧くのはないです。どれを見ても全部一緒ですから。技術的にも似たりよったりになっているし個性がない。

それに現在の車のデザイナーって、ほとんどやることがないんですよ。安全基準で色々決められてるんで設計上、どうしても構造設計が同じようにならざるを得ないんです。例えばベンツのCクラス、BMWで言えば3クラスぐらいのサイズだったら、こういうふうに設計すると決まっているんです。安全設計だけじゃなくて、高速時の燃費もそうです。

現在は流体力学で全部計算されてますから、ちょっとした違いで燃費が変わってくる。そうすると、デザイナーがいじれる範囲は車体表面5ミリだけって言われてます。

昔は個性的な車があって、フロントがこんなに尖がってるとか、テールラインが独特とかあったんですけども、いまはもう燃費計算と安全上の構造計算をしたら、車のデザインの自由度はほぼないに等しい。

渡邉　結局、プラットフォーム化しちゃっていますからね。だから見た目が違うだけで、ベースが一緒なんです。それと車の顔付きは似ているし、ウィンカーなんかLED時代になってから、みんなほとんど一緒みたいだ。

井川　あとはメーカーが違っても、ボンネットの厚みなどはみんな一緒になってます。こ

プラットフォーム　システムやサービスの土台や基盤となる環境のこと。サービスの提供者と利用者を繋ぐための「場を提供する」役割・特徴。

れはヨーロッパの規制のせいで、エンジンとフード（ボンネット）の間に空間を何センチか取らなきゃいけないとなったんですよ。人をはねたときに対人のクッションを考慮しろという理由付けです。アメリカ側の規制になかったので取り入れられたんです。

そうしたらアメリカが〝報復〟してきて、今度は側面衝突での安全性を高めろって規制してきたわけです。だから最近の車って、横から見たらウインドーがかなり細いじゃないですか。視界上は悪いし、暑苦しい。これは側面衝突に対する強度を高めるために、ドアを厚くしたからなんです。まあ、お互いに嫌がらせのドロ仕合をしたら、わけがわかんなくなっちゃったんだね。

渡邉　それもあるだろうし、煎《せん》じ詰めてみると、車がコモディティ（商品）化してるんですよ。自動車が結局、楽しむためのものじゃなくなっちゃってる。EVになって、いわゆるコントロール機能のAIでの自動運転になると、完全に遊園地にある回転木馬だよね。ゴーカートより自由度がない。そうなってくると、走る楽しみがまったくなくなる。

だけど、これはきわめて深刻な問題をはらんでいます。いまアメリカでも問題になってるんだけど、AIにとっていちばんの〝敵〟って人間なんです。例えば自動運転をしているなかに、年寄りの運転する車が逆走運転で向かってきたらどうするのか。そんな議論が持ち上がってきています。

ＡＩの全自動運転ならば、事故は起きない。しかし人間が運転すると事故が起こる。それじゃあ、人が運転する車を走らせないようにするのか。アメリカなどの自由主義国では、運転する権利を奪うなっていうムーブメントが起こることが十分考えられます。中国のような独裁専制国家であれば、簡単にそうした動きを潰せる。だから独裁専制国家はＡＩに強くなれるわけです。

自動運転の完全化は無理

井川　私はそのあたりは、けっこう専門家と議論できるぐらいのレベルにあると自負しております。なぜかと言うと、とくに刑務所に入っていた時代にそうした問題がテーマになっていたからで、文献を差し入れてもらって隅から隅まで読破しました。

結論から先に言うと、絶対に自動運転の完全化は実現できないですね。いくつか理由はあって、ひとつはいま渡邉さんがおっしゃった理由です。絶対にＡＩにとって脅威となる、そういう人間はいますからね。あと単車、自転車だって路上にいます。それと歩行者。これらすべてを道路から排除しなければならなくなっちゃう。

そうしないと、回避余裕のない飛び出しをされた日には、たまらない。いくらＡＩでも車を停めるには、時速40キロで走っていても最低11メートルは必要です。

自動運転技術に関して論議される、いわゆる「トロッコ問題」があります。１車線しかない細い道を走っていて、右側は崖、車の中には３歳の子どもが乗っていて、進行方向に２人合わせて１６０歳の老夫婦が立っていた。

もう回避できません。老人２人をひき殺すか、回避のために３歳の子どももろとも崖に転落して、老人たちの命を助けるのか。さあどうするってときに、日本人は選べません。

トロッコ問題の一例

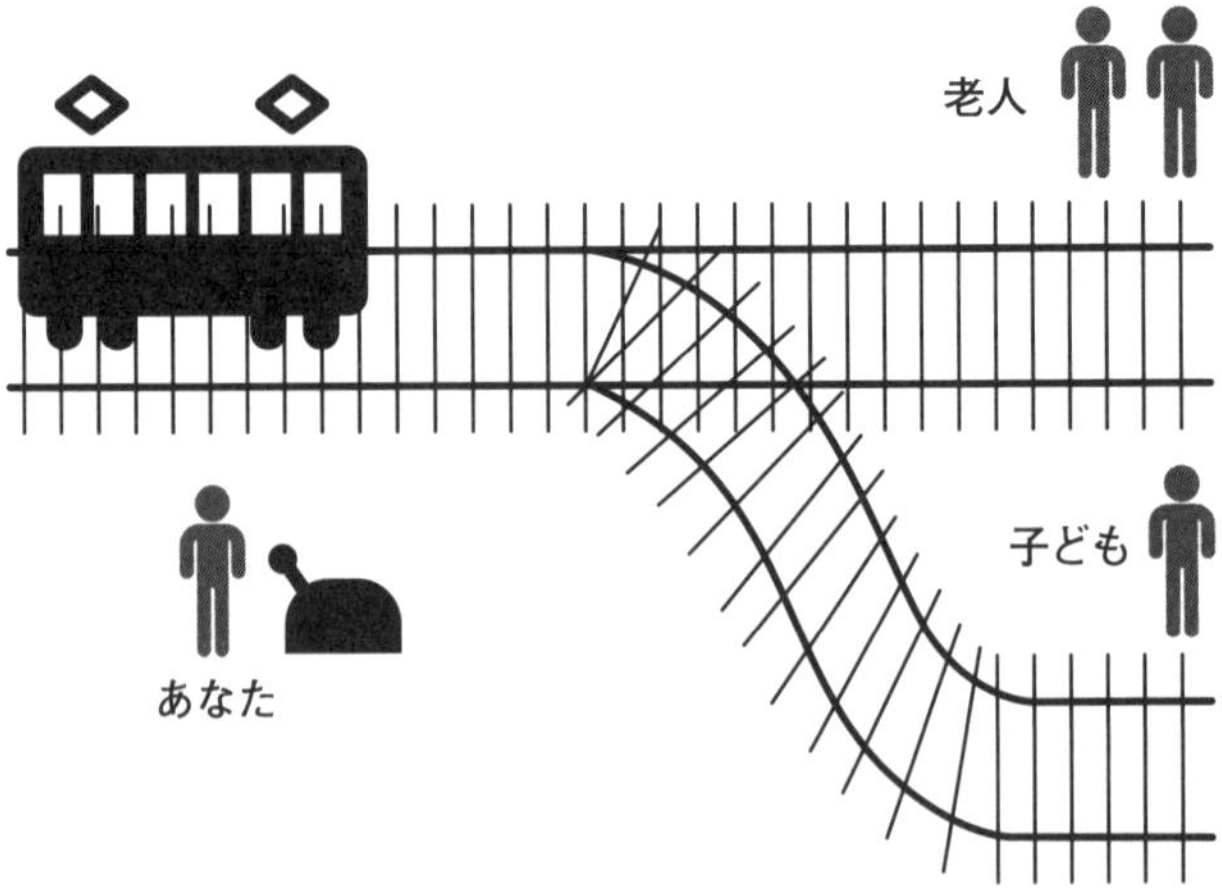

命は1人1人大切と言って、結局両方とも死んでしまうという話になっちゃうんでしょう。だけど、アメリカだったらぱっと計算して、80歳の人間2人の平均余命を考えたら、3歳の子どものほうが大事だと判断し、そのまま年寄り2人をひき殺すほうを選ぶ。これがアメリカの論理ですけれど、日本はそれがおそらくできないんですね。

長広舌で申し訳ないんだけど、技術的な問題で最後にもうひとつ指摘しておきたいのは、地殻変動のことなんです。日本国内でいちばん大きい場所では年間6センチもずれているんですよ。だから地図通りじゃないので、いくらGPSが正確になったとしても、安全走行は無理なんです。だって、タイヤの幅で10センチずれたら脱輪しますからね。

3つの問題、倫理的問題、技術的にはAIの問題、それとこの地図の問題。私は自動運転の完全化は無理だと思ってます。

自動運転が大丈夫だと思っているイーロン・マスク

渡邉　倫理的問題でいうともうひとつあって、自動運転車が人をひき殺した場合、遺族はだれを訴えるか。これも無視できないでしょう。

井川　そうですね。保険の問題です。

渡邉　保険会社が対応するだけでは遺族はまず納得しません。賠償の問題だけで言ったら、お金で片付くんだけど、これは車をつくった奴が悪いということに絶対になるんです。でも、メーカー側だって刑事罰の責任まで負えないでしょう。だから、賠償金で争う民事はいけるにしても事故責任を問う刑事はどうするのか。それで完全に刑事罰をなしにして、民事だけでやるのかという問題が出てくるわけです。そうなってくると、刑事罰の意味がなくなっちゃう。

井川　そうなんですよ。事故責任の所在がわからない。

渡邉　自動車会社の社長になると、毎月捕まる世の中になりかねない（笑）。

井川　現にテスラがちょこちょこ問題を起こしているじゃないですか。私はあのイーロン・マスクってあんまり好きじゃない。やっぱり命を預かるもの（車）だから、自動運転のソフトウェアについてベータ版（テスト版）で大丈夫だという発想は間違っています。

渡邉　逆に考えると日本がダメな理由がそこにもあって、日本って完品納品にしなきゃいけない。アメリカはソフトウェアがその典型なんだけど、ベータ版、つまり開発途上のテスト版でアップデートすりゃいいって、彼らは考えるんですよ。だけど日本の場合、未完成品であるベータ版を出荷すると、消費者に怒られちゃいます。

井川　昔、ある面白いジョークがあって、いやジョークじゃなくて事実なんですがね。あのお堅い自動車会社GM（ゼネラルモーターズ）、アメリカのなかでも官僚主義の面白くないGMの話です。世に出てきたばかりのビル・ゲイツが調子に乗っちゃって、「もしGMがコンピューター界のように技術を追い求めていたのなら、私たちは、1ガロンで1000マイル走行する、25ドルの車を運転していただろう」と言って、GMを揶揄《やゆ》したんです。

そうしたら、GMはホームページで、「自動車はパソコンのように、1日に何度もクラッシュはしません。しかも新しい道路ができるたびに、バージョンアップする必要はありません。自動車はクラッシュする直前に、『エアバッグを開いてよろしいですか？』などと問いかけません。最後にエンジンをストップするときに、スタートボタンを押すというおかしなことをする必要はありません」

おそらくその頃のGMには機転の効く面白い広報担当がいたんでしょうね。でも実際にはそれから20年経って、車もスタートボタンを押して始動して、エンジンをストップすることになってしまいましたけどね。

第2章

銀行化する日本の企業経営

哲学的な発想をもたらす言語

渡邉　先に井川さんがTwitterですら日本語が読めない人が多いと言われたんだけど、これは教育の問題だと思うんですよ。いまどきは英語をやれ、英語こそが大事だという人がけっこういます。だけど本来は論理回路の形成って母国語で最初に養われて、言葉のトランスレーション（翻訳、変換）などはその後からでいいんです。本来はね。

その最初の段階の言語による論理回路の形成ができないのは、日本の学校ではあえて異なる立場に分かれて議論をするディベートを教えないからです。それなのに、わけのわかんない国語の授業で、文脈を読みなさいなんて教えられるでしょう。これは読む人によって答えが違うわけなんです。その著者が死んじゃったら、その人が何を考えているかわかんないじゃないですか。

日本の国語の授業は、著者はきっとこうだったに違いないっていう勝手な思い込みを押し付けていて、ここに論理性なんてまったくないわけですよ。

井川　日本語自体が曖昧《あいまい》ですからね。大江健三郎は好きじゃないけど、彼は著作『あいまいな日本の私』（岩波新書）のなかで『美しい日本の私』（講談社現代新書）を書いた、あの川端康成を皮肉ってました。

渡邉　日本語は非常に曖昧言語であり、同時にプログラム言語とも言われる、世界で数少ない言語で、大学院レベルまで自国語で勉強できる。学術論文から何からすべてがある言語なんです。

井川　本当の意味での哲学的思考ができる国民って、実は日本とドイツとフランスだけだと私は思ってるんです。たまに他国から立派な哲学者が出ることはあるけれど、哲学的な発想のものを出してくる言語には特徴があって、それは〝複雑さ〟なんです。フランス語とドイツ語。私、大学の第2外国語でフランス語をとってみて、諦めました。なぜかというと、時制が15もあるんです。

大過去とか、半過去とか、中過去なんてものがあります。英語と違って過去形にするのに「ed」をつけたらほぼオーケーじゃなくて、be動詞みたいにすべてが変化する。しかも、1人称単数、複数、2人称3人称ってやって、6掛ける15で覚えなきゃいけないわけ。こんなのは無理ですよ。フランス人って、それをちゃんと普段から喋《しゃべ》っているからすごい。

渡邉　ドイツ語は説明言語と言われて、全部が細かく説明してある言語です。そして日本語のいちばんの特殊性は、外国語が言葉になっている片仮名が存在することでしょうね。ですから、外国語がそのまま言葉になっている。これには良い部分と悪い部分があります。最近の経産省あたりが発表する概要書は、片仮名ばかりが並んでいるんだけど、誰が読んでもどうにも理解できない代物になっている。

井川　片仮名を多用する奴ほどいい加減で、嘘をついている。私はそう認識しています。

渡邉　これって何を言いたいんだろう。ちゃんと日本語で書けよと言いたい。

銀行の使命を説いた愛媛銀行元頭取

渡邉　イノベーションに関して言うと、先ほど井川さんは日本においてもイノベーションに対して意外とお金を出していると指摘された。たしかにそうなんだけど、残念ながら小口のファンド、小口の投資家が多いんです。銀行が銀行の役割をしていないのが、いちばんの問題なんです。銀行がなくなるのではないかと言われているし、実際にもうなくなりつつある。

繰り返しになりますが、決済システムとしての銀行は必要だけれども、銀行が金貸ししないなら要らないということになる。今回のコロナの問題も、国が100%の保証を付けて特融（日銀特融＝日銀が最後の貸し手として行う貸付）をかけているから零細企業や個人事業主みんなにバンバン貸していた。でも、よくよく考えてみれば、国の税金で事業を運営しているみたいなものです。銀行は国に助けられてるだけでしかない。

こんな仕事は銀行じゃないだろうということです。行き過ぎた金貸しもダメだけど、でも金を貸さないんだったら、金貸しをやめろよと言いたい。

井川　愛媛銀行（8541）という銀行があって、大王製紙でも、われわれのファミリー企業でも、長い付き合いをしてきました。いまから何代目か前の中山紘治郎頭取、のちには会長になられた方がいらっしゃって、よくこう言っておられました。

「うちはもともと相互銀行。ということは、頼母子講《たのもしこう》ですわ。なので困っているところに貸さないかんのです。第一地銀さんと違って困ってるところに、伊予銀行さんが貸さないところに貸すんです。

うちは事故率（注・未回収金のこと）が高いと言われるんだけど、それが使命ですから。だから、その分金利も少し多めにいただいてます。うちはその経営方針でやってきて潰れ

頼母子講　参加者の拠出資金を一定期間積み立てて、条件に沿ってその期間のうち必要なお金を受け取るもの。人情味溢れる「庶民の融通組織」だった。

てないじゃないですか。貸倒率も高いけれど、その分金利も伊予銀行さんよりは高くいただいているわけです」

私はそれが銀行の使命だとずっと信じている一人なんです。中山頭取は第2地銀のトップの方でしたが、それが本来の銀行のあるべき姿だと思う。一定程度リスクは負わないといけません。ゼロリスクで銀行経営しようというのは、もはや銀行じゃないですよ。単なる決済機関でしかない。

高知では評判が悪い岩崎弥太郎

渡邉　ゼロリスクで銀行経営をしようとしていて、さらにタチが悪いのは、行員を食わせるために、最初から損する商品を手数料商売で売り付けているところでしょう。地方銀行が販売する保険商品の平均手数料は、頭から6%も引かれてるんです。

ということは、要は100万円の商品が94万円の元本から始まって、いまの低金利の時代に何年経ったら元本まで戻るのかという話です。

井川　腕利きのファンドマネージャーでも、平均して年間5%で回せませんから。

岩崎弥太郎（1835〜1885）実業家。三菱財閥（現：三菱グループ）の創設者。明治の政商として巨万の富を築くも、公益を重んじる「合本主義」の渋沢栄一と犬猿の仲。

渡邉　保険商品もそうだし、外国ファンドなどは為替手数料で徴収されるから顧客は往復ビンタを食らうようなものです。

井川　うちのファミリー企業のFA（ファイナンシャル・アドバイザー）、つまり資産管理をしてくれている人が三菱UFJ銀行出身で、いわゆるウエルスマネジメント（資産運用）を担当していた人なんです。結局、彼は支店長一歩手前ぐらいで退職しています。なぜかというと、ずっと顧客が損をするものばかり売り続けさせられてきた。もう自分の良心が耐えられないと言っていました。

そこでIFA（資産アドバイザー）の資格を取った。いまの彼のモットーは、顧客に損をさせないこと。メガバンクなんて、最初から顧客が損をする前提でやってますからね。

渡邉　それは当たり前ですよ。三菱だもん。東京・湯島の岩崎邸の裏に三菱経済研究所の史料館があるんですよ。入場無料でね。そこに入っていくと何があると思いますか？

井川　いや、わからない。

渡邉　ある証文があるわけ。日本政府をだまくらかして、あの丸の内を政府から買収したときの証文ですよ。日露戦争を控えて、日本郵船が三菱造船で輸送船舶や日本初の軍艦をつくるために、外国資本から資金調達した。そのときに日本政府の資産を担保にした。そんなことをして金を借りておいて、丸の内を私物化しちゃった。それが三菱村の始まりです。

井川 岩崎弥太郎って、藩営の土佐商会を私物化しただけじゃなくて、いろんなところで汚い商売をしていたといいます。だから、高知じゃ評判が悪いんですよ。土佐藩の資産を全部だまくらかして持ち去った。それでいて高知には工場ひとつつくらなかった。けっこう恨まれているね（笑）。

渡邉 その史料館でいまも公開されてるかどうかはわかりませんけど、この証文は三菱グループのいちばんの宝物なんだと思った次第です。

井川 なるほど、四国の田舎藩主だけじゃなくって、日本国の明治政府まで騙しちゃったって感じですね。

渡邉 だって丸の内ってもともとは大阪の三井が江戸幕府の勘定方として、外為、両替などすべてを仕切っていたところなんですね。それで東京・日本橋はもともと三井村じゃないですか。なのになぜ、その三井村に**日銀**（８３０１）本店があるのか。日銀本店の真ん前に三菱ＵＦＪ銀行があるのっておかしいと思わないですか？

もともと日銀の役目を三井が受け持つはずだったんです。明治になるといわゆる太政官札という金と換えられないお金を多くの民間銀行が発行する時期が続いたんです。そのときに岩崎の海運会社九十九商会（のちの三菱）が日銀という名前を奪ってしまった。高知の九十九商会の背後にはもちろん、岩崎弥太郎がいたわけなんです。

リスクを取る度胸がない銀行

井川　なるほど、それで納得しました。岩崎家の家訓、三菱の社訓がありますよね。そこには、人は天の道にそむかぬこと、とかあるんです。だいたい綺麗事を言う奴は詐欺師なんです。私の人生経験を振り返ってみてもそうです。

渡邉　一方、逆説的な意味で三菱が偉いのは、グループ中核企業に三菱の名前を冠していないことでしょうか。裏があって何かバレたらまずいのかな（笑）。東京海上でしょう、日本郵船でしょう、かつては東京銀行もグループとしてありました。日本郵船は郵便船船なんで、日本の東インド会社なんですよ。植民地支配のためのね。

井川　天皇家というか、戦前の皇室もけっこう日本郵船の株式を持っていましたもんね。

渡邉　だけど、その時代から銀行はかなりあくどいことをしていたようです。行員をクビ

岩崎家家訓　一、天の道にそむかない　二、子に苦労をかけない　三、他人の中傷で心を動かさない　四、一家を大切に守る　五、無病の時に油断しない　六、貧しい時のことを忘れない　七、忍耐の心を失わない

にできないから、行員を食わせるために、客に損をさせなきゃいけなかったわけですからね。でも、そんな三菱ＵＦＪ銀行も、このところリストラに励んでいるようです。

井川　先般銀座に行ったら、銀座通りにあった三菱ＵＦＪ銀行の支店がなくなってました。本当にリテール（個人向け）部門は撤退していくつもりなんでしょうね。

渡邉　あれはたぶんリストラしてるんじゃないと思う。何人分相当の人を減らすっていう削減なんです。なぜかというと、あそこはテラー（窓口）業務が全部派遣です。だから、いまはほとんど正社員なんでしょうね。三菱ＵＦＪ銀行ではグループ企業で派遣会社を持ってます。だから派遣の人を切っているだけ

地銀は主要銀と比べ、業務粗利益構成で資金利益が圧倒的

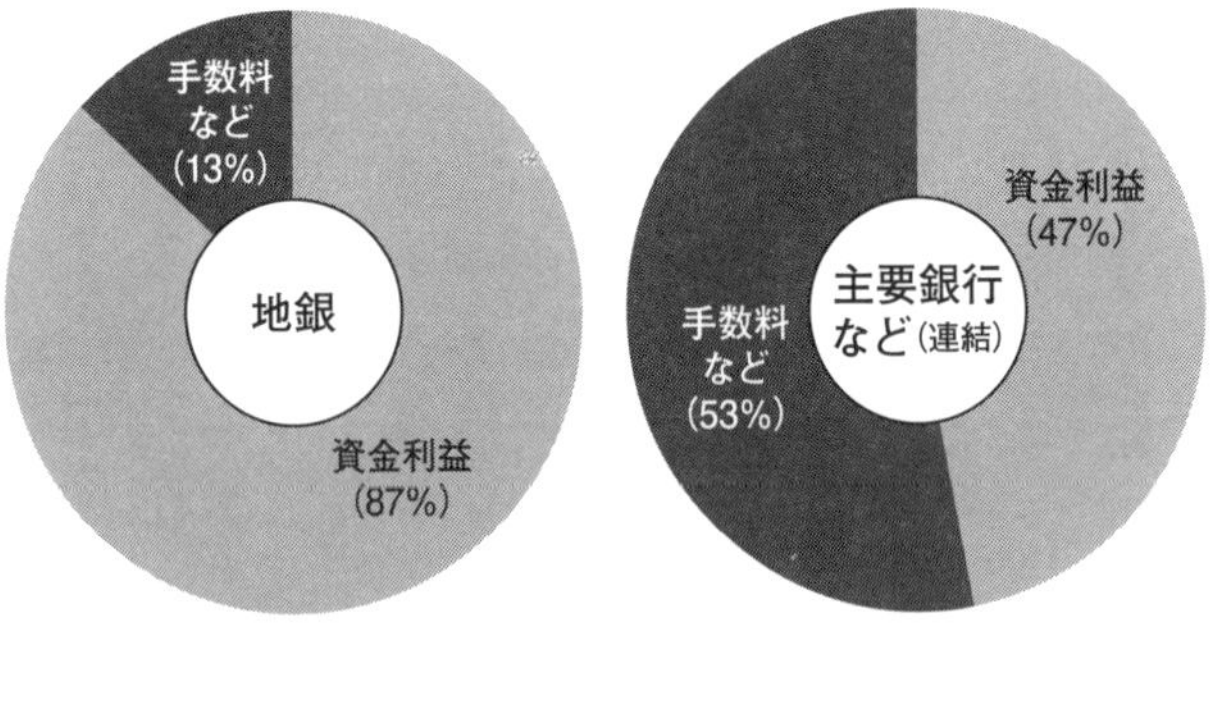

野崎浩成氏作成

で、実際には正社員はクビにしていない。

その点はまだ地方銀行のほうが従業員を抱えているんだけれどもね。だから逆に言うと、地方銀行は先にも指摘したように、あくどい商品を顧客に売りつけている。リストラできずに運営コストが高い分、負担がのしかかってきているからです。

だってゼロ金利がこんなに続いてですよ。どうやって銀行手数料で儲けるのかと言われたら、儲けようがないのです。これは銀行側は銀行側でこうした理由があるんだと思うんだけど。

井川 だからこそ一定程度の金利を取って、ベンチャーとか起業家にお金を貸す。もちろん、その分のリスクを取ってということをやるべきだとは思うんですけど。いまの銀行は、それをやる度胸がないのです。

渡邉 というか、それをできる〝目利き〟がいない。そもそも銀行員は企業を見通す教育を受けてないでしょう。製造業であれば、例えば大王製紙であれどこであれ、会社内でラインに行く前にひと通りの仕組みを教えて、それぞれ熟練させていくじゃないですか。

でも、銀行ってそういう仕組みがない。単に計算をはじめとする手続き作業しかさせてないでしょう。それじゃ、銀行融資なんかできないですよね。

銀行に振り回された名古屋パルプ時代

井川　平成４年に私は大王製紙の子会社の名古屋パルプ（その後、大王製紙名古屋工場）に社長として派遣されました。印刷用やコピー用の上質紙、エリエールのティッシュペーパーとトイレットペーパー、袋用のクラフト紙などを手掛けていました。

この名古屋パルプは長年大赤字を出してきて、**丸紅**（８００２）から私の父がタダで譲り受けた会社だったんです。引き受けたときに売り上げが年間約80億円、借金が約１２０億円ほどあったんですが、借金については丸紅に棒引きさせた。

そこから大王製紙が一大投資をしました。パルプの製造から上質紙のマシンまでの設備を整えたのです。このワンラインで約１０００億円はかかったんです。おかげで私が名古屋パルプに社長として出向したときには、借金が約９００億円まで膨らんでいて、年商１２０億円程度でした。

そうしたら、バブルが弾けちゃった。父親から名古屋パルプに武者修行で行かされた私は、「これってどうするの」みたいな心持ちでした。１２０億円の売り上げで、経常赤字が68億円。ただし年間の設備償却が70億円あったので、まあごく単純なキャッシュフローで言うと、トントンなので既存の借金を借り換えさえできればよかったのですが、ロールオーバー（借り換え）ができないんです。

銀行が金を貸してくれない。本体の大王製紙はトータルではなんとかカツカツだけど利益が出ていたんです。名古屋パルプの大赤字を含めても。私は親父から、親父が大王製紙に入ったときに一回経営破綻した話を聞いていたので、これはヤバいなと鳥肌が立ちました。

ただし、大王製紙のメインバンクである日本債券信用銀行（2001年よりあおぞら銀行、8304）はその経緯を認識しているので、メインの責務ですからとロールオーバーはしてくれました。ところが、いわゆる「メイン寄せ」（メインバンクが他の金融機関より多額の債権放棄に応じること）はさすがにしんどいと訴えてきたんです。

2番手以下の日本長期信用銀行（2022年よりSBI新生銀行、8303）と三井（2001年より三井住友銀行）と三和銀行（2006年より三菱UFJ銀行）にもなんとか出させてくれという話になりました。長銀は、日債銀が出すんだったらいいですよと言ってくれた。ただし、やっぱりこれも「メイン・サブメイン寄せ」されたら困るので、三和と三井

経営破綻　大王製紙は1962年、不況と原料高に無理な設備投資が重なって資金繰りが悪化、会社更生法の適用を申請。その後の業績回復によって1年余りで更生手続きを終了。

だけはなんとかしてくださいと言われました。「これより下のところはどうでもいいです。それらはわれわれが引き受けます。それがメイン（日債銀）・サブメイン（長銀）の役割ですから」と通告されました。

それで名古屋パルプの財務部長を連れて、三井銀行の大阪支店に出向いたら、支店長室に通された。支店長はおもむろに立ち上がると、名刺箱から名刺をつまみ、片手で差し出してきやがった。これでもう私は三井が大嫌いになっちゃいました。

結局、三井の大阪支店としては、三和が出すのなら出しましょうという話になった。まあ、そこまでは、たいていそうなりますよね。そこで今度は三和銀行に向かった。三和って当時は大阪で住友の向こうを張るぐらいキツい銀行だったのです。まあ、いま考えると私も大変だったわけです。

話のわかる支店長だったけれど、「いやあ、しかし、しかし」で前には進まない。要は三和と三井が両行とも、「あっちが出したら、うちも出しますね」と堂々巡りになってしまった。

大恩人、三和銀行副頭取の言葉

井川 私は名古屋パルプに出向する前、大王製紙本社にいたときには工場次長、つまり生産部門だったのに、新聞社との会食があれば親父のお供として付いて行かされたし、銀行との新年会も顔繋ぎのために参加していたんです。

いまでも覚えているのですが、坪田さんという三和銀行副頭取で、のちに**日立造船**（7004）の副社長になった方がいらっしゃいました。その坪田副頭取に無理矢理アポイントを取って押しかけて、こう申し上げたんです。

「副頭取、これはルール違反なのはよくわかっております。支店を通さずに直接アポを取って。しかもこれからお願いする件っていうのも、本来はルール違反だとはわかっているんですが、もはや御行に出していただかないと、どうしようもございません」

そうしたら坪田副頭取はこう言ってくれた。

「僕は古いタイプのバンカーです。いろいろと融資してきて、流れ玉にも当たりました。何発も当たったけれど、たまたま致命傷にならなかったんです。僕ももう副頭取で残り何期あるかわからないんで、最後の務めをしましょう」

とはいえ、トータルで1000億円の借金のある会社に、すでに三和は百数十億円も貸し込んでいるわけです。坪田副頭取はこう続けました。

「これで若いビジネスマンの井川さんを助けて、万が一それが致命傷になったとしても、これは私のバンカーとしての最後の〝勲章〟ですわ」

そう言って、その場で現場に「出すように」と命じてくれたんです。

やっぱり昔はそういうバンカーがいたんです。バブルが弾けた後でもね。いまは絶対にそんなバンカーはいないでしょう。私は平成4年に名古屋パルプに行ったので、これは平成5年の実話です。いまから30年前のことですね。

東芝は大企業病の代表

渡邉　銀行マンはみんなサラリーマンですから、役人の霞が関と同じで減点方式になってるんで、要は減点を出さなきゃいい。やはりそういうことになっちゃう。ゼロ金利、低金利が続いていて、とりあえず数字上問題がなく、つつがなく、いまの椅子に座り続ければいいと思っています。

井川　一般企業もいまはそうなってきつつあるというか、もうすでになってるなと思います。まあ、いわゆる大企業病に侵されている。ほとんどのところがそうだと思いますね。

だって、何ひとつ日本では発展的な企業の良いニュースって聞かないじゃないですか。強いて言えばトヨタぐらいですか。でもトヨタの豊田章男社長（現会長）に対しては好き嫌いがあるみたいです。さまざまな毀誉褒貶《きよほうへん》があるのは知ってますけれども、まあそこは横に置いておいて、トヨタはトップダウンで、やれやれって発破をかける会社です。

渡邉　**スズキ自動車**（7269）もそういうところがあります。あとは中国からの撤退を決めた**キヤノン**（7751）とかも同じような企業風土があります。だから結局、そういう名物社長で決裁権を持つトップがいるところは、大企業病にはならない。けれども逆に言うと、大失敗する可能性があります。

井川　結局、業界1位の会社って余程のオウンゴール（自責点）をしない限り、潰れることはないんです。一定程度の人並みのこと、努力というより運営をしていれば、なんとかなってきた。

それで結局ずっと歪みが溜まってきたのが**東芝**（6502）だと思います。官僚主義になって、落っこちるときにはガクンと盛大に落っこちてしまった。

渡邉 東芝は実質もうバラバラにされちゃってるでしょう。

井川 美味しいところを全部先に売っちゃっています。楽天で言ったら、金融部門をまっ先に全部売っちゃった状態ですからね。

渡邉 だから、東芝メモリがキオクシアになって、ウエスタンデジタルと一緒になるっていうふうな話になってます。もうすでにノウハウを持ってる部分はほとんど売ってしまった。結局、残ってるのは東芝という名前の骨だけで胴殻（ドンガラ）ですよ。

井川 だから仕舞いがつかないんです。もう東芝を欲しい人もあんまりいないですよ。

渡邉 レグザのテレビ部門も別会社になったでしょう。中国資本に取られちゃってるし。やっぱり、もう売るモノがないんじゃないかな。東芝出身者から聞いた話では、昔からいちばん出来の悪い奴が行かされる部署があって、それが原子力発電の営業だったそうです。

井川 旧日本軍と一緒だ。兵站《へいたん》にはいちばん成績の悪かった奴を行かせる。

東芝は電気モーターをつくっていたでしょう。製紙工場って4・7キロワット級の大きなモーターを使うんで付き合いがありました。のちに**三菱電機**（6503）とモーター部門を合併したのですが、東芝時代に一応勉強のためにモーター製造工場を見学しに行った

総合電機メーカーにおける売却・撤退の歴史

	日立製作所	東芝	三菱電機	ソニーグループ	パナソニックHD
重電（発電機・鉄道など）	○	○	○	―	―
白物家電	△ 2021年、海外事業でトルコ・アルチェリクと合弁設立	✕ 16年に中・美的集団に売却	○	―	○
テレビ	✕ 18年に販売終了	✕ 18年に中・ハイセンスに売却	✕ 21年、液晶テレビから撤退	○	○
オーディオ機器	✕	✕	✕ 1999年、カーオーディオを除き撤退	○	○
パソコン	✕ 08年に撤退	✕ 18年にシャープに売却	✕ 99年に撤退	✕ 14年、日本産業パートナーズに売却	○
携帯電話	✕ 10年に事実上撤退	✕ 12年、富士通に売却	✕ 08年に撤退	○	△ 個人用は13年に撤退
デジタルカメラ	✕	✕	―	○	○
半導体	△ メモリーはエルピーダ、システムLSIはルネサスエレクトロニクスに	△ システムLSIは20年撤退。メモリーはファンドらに売却し、キオクシアに	△ メモリーはエルピーダ、システムLSIはルネサンスエレクトロニクスに	△ センサーは継続。メモリーは22年、台・ファイソンに売却	✕ 20年、台・ヌヴォトンに売却
液晶	✕ 12年、中小型はジャパンディスプレイに	✕ 10年に台・AUOに売却	✕ 22年に撤退	✕ 11年、韓国サムスン電子との合弁生産から撤退	✕ 21年、生産終了

○継続事業　△一部売却　✕撤退・生産停止・売却
―もともと手がけていない事業

週刊東洋経済2023年2月25日号

ことがありました。すると、まあ東芝社員の態度のでかいこと。こっちが顧客なのに、本当にプライドだけ高くてね。明治以来の三井グループの中核会社だと思ってるようでした。本当に社員のプライドだけ恐ろしく高い。

あとはモーターで言うと**日立**（6501）だけれど、あまり付き合いはなかった会社です。工場まで見に行ったほどの関係ではなかった。三菱電機と東芝を主に使っていました。

コストを上げる要因は日本人の潔癖症

渡邉　海外製に比べたら性能的には何倍もいいモノを日本メーカーはつくっているんだけれども、顧客である日本人がいろんな意味で潔癖症すぎるんです。

井川　お客さんがうるさいですから結局、コストが上がっちゃう。それは大王製紙も同じ目に遭わされてきました。海外だったら許される程度の瑕疵《かし》（傷）が許されない。例えば、新聞の輪転機。バラバラバラってものすごい勢いで輪転機が回ってる映像があるじゃないですか。あの輪転機が走ってるスピードって、私が知っているいまから10年前でさえ時速60キロ以上だったんですよ。

製紙会社が横幅1・6メートルの原反ロールを収めて、そこに印刷していく。だいたい日本の場合だと、原反3000本に1回、印刷中に紙切れが生じます。3000本に1本切れたら、まあ製紙会社の本部長が新聞社にお詫びに行く感じかな。1000本に1本切れたら、これは担当役員がお詫びに行く事態です。なぜなら切れたら繋ぐのに10分、15分はかかるんで、入稿の締め切りを早めなきゃいけない。

その15分のせいで、朝日新聞に載った特ダネが読売に載っていないなんて事態が起こるのです。これはデスクの首が飛びますよ。しかしながら海外製の紙って、だいたい2、300本に1本切れて当たり前です。

実際、丸紅か**伊藤忠**（8001）が輸入紙を入れたときに「紙が切れたぞ」と新開社に呼びつけられた。「300本に1本切れたぞ」と言われ、商社の人間が「それのどこがおかしいんですか」と返して、大目玉を食らったそうですわ。

紙面もそうです。ちょこっとゴミがあったりとか、ポツンと穴があった程度でもクレームの対象です。製品管理に手間をかけていたら、それはコストが上がりますって。

渡邉　どうせ新聞なんか読まないのにね。ティッシュやオムツの家庭紙ではどうなんですか？

井川　家庭紙では、そんなクレームはないですね。

渡邉　日本のものは品質がもともと安定してるから。

井川　もともとあまりクレームが来るような商品でもないのが実情です。でも、オムツのほうは違います。尿や便が漏れただとかなんとかでクレームの対象になります。トイレットペーパーでは、たまに詰まったとかいうのがあるんです。まあ、それは大量に使いすぎでしょうという話なんですが。

渡邉　外国に行くと、一流ホテルのトイレットペーパーでさえたいていごわごわしてますから、全然品質が違うのがわかります。台湾ではいまだにトイレで紙を流せないんですが、あれは戦前に日本がつくった下水管のままだからです。だから細くて古いんです。戦前につくったものをいまだに使ってるんです。

井川　それは中国も同じです。パイプが錆びてるし、とにかく細いんです。中国では「トイレに紙を捨てるな」ってどこでも書いてます。使用後の紙は横に置かれているゴミ箱に入れろとね。たしかタイなんかもそうじゃないかな。

渡邉　場所によるけれども、台北なんかは下水の配管を簡単に交換できないからなのです。メインの路線の下に下水管が走ってるから大規模な工事が難しい。なぜかというと、台北は計画都市で道路と下水を一緒につくったからです。日本統治下においては、計画的なメンテナンスで取り替えを考えてたんだけど、その後の国民党政権になってからはまったく交換してません。

いなくなった大風呂敷を広げるリーダーたち

渡邉 話は変わりますが、台北を訪ねるたびに感じるのは、台北を大改造した後藤新平という政治家のスケールの大きさです。後藤はあまりにでっかい構想を打ち出すので、「大風呂敷」というニックネームをつけられたほどでしたが、それでも足りないかもしれない。

後藤はもともとは医者で、現在の福島県立医科大学を出て、名古屋大学勤務後、内務省衛生局の医官になっています。それで陸軍の児玉源太郎が台湾総督となると、補佐役である民政長官に後藤を抜擢しています。後藤が最初に取り組んだのが台北の道路の3線化でした。それから台湾の衛生環境を改善するために、上下水道建設に着手したんです。その後は南満州鉄道（満鉄）の初代総裁や東京市長などを務め、帝都復興院総裁として関東大震災後の東京復興を担った。札幌なんかも後藤が手掛けた計画都市です。

後藤新平（1857～1929）医師、官僚・政治家。南満洲鉄道（満鉄）初代総裁、逓信大臣、外務大臣、東京市第7代市長。計画の規模の大きさから「大風呂敷」とあだ名された。

井川　たしか後藤新平は日露戦争での敵国ロシア帝国との関係修復を願っていた。そこで同じ志を抱いていた伊藤博文とロシアの蔵相を非公式にハルビンで会わせようとしてたんですね。その会談の直前に、伊藤が安重根に暗殺されてしまった。無念だったでしょう。

渡邉　そういう政治家って最近いないんです。大風呂敷を広げちゃう政治家って。いや、いたいた。安倍さんが提唱した「自由で開かれたインド太平洋」がありました。それを考えると、後藤新平イコール安倍晋三という図式はだれも言ってないけど、あり得ますよ。あれは安倍さんが地球の地図から考えたものでした。

井川　そうです。一都市や一国家の話じゃない。世界レベルの地球規模の大風呂敷ですね（笑）。

渡邉　2006年の官房長官時代の「自由と繁栄の弧」に始まり、それが拡大していったのが、「自由で開かれたインド太平洋」で「Ｑｕａｄ（クアッド）」が実際にできた。さらに先の日英首脳会談で、日英軍事同盟まで結んだ。すでにオーストラリアとは結んだし、アメリカとはもともとあるので、これで「Ｑｕａｄ」は完成したわけですよね。

井川　バイデン大統領に肩を叩かれて嬉しそうな顔をしてる岸田さんを見ると、私なんかはイラッとしちゃうんだけどね（笑）。全部、安倍さんの敷いた路線を走っているだけな

児玉源太郎（1852〜1906）陸軍軍人、政治家。日露戦争において満洲軍総参謀長を務め、勝利に貢献した。階級は陸軍大将。

のに手柄顔している。当然、あれは仕上がりますよね。

渡邉　あのシーンを撮って、あの後にバイデンが急にいなくなってしまった。共同記者会見なしでしょう。官邸側は「よくできた、よくできた」って言ってるけど、その前にツープラスツーの担当者が経産省に行って外務省の北米局に行って、全部話をつけておいたわけです。そのときに林芳正外相はなんで離京してたんでしょうか？

井川　林外相がツープラスツーに入れてもらえなかったのは、彼と話したら全部中国に筒抜けになると思われたんでしょう。

渡邉　アメリカ側が最初から林外相を外してやっている。1月の岸田さんの外交日程はフランス、イタリア、イギリス、カナダ、アメリカの順番だった。イタリア、イギリスでは軍事同盟的な次期戦闘機の開発を含む総合的な協力関係を結びました。最初に行ったフランスでは反応は悪かったですよ。フランスは中国と近いからね。

それからカナダに行って、カナダも一応なんとなくファイブアイズだし、みたいなところで終わって、アメリカに向かった。もう全部がつくり込んであって、オカゴに乗って欧米を回っただけです（笑）。

だって、バイデンだってボケてるからね。本当にどこまで判断力があるのかわかんない

ファイブアイズ　オーストラリア、カナダ、ニュージーランド、英国、および米国で構成される諜報同盟のこと。これらの国の諜報機関のグループを指すこともある。

状況になってます。

井川　台湾有事はあるんでしょうか。私はあるような気もするけど、ないほうに賭けてるんですよ。

渡邉　私もないほうに賭けてるけど。

井川　中国共産党幹部の資産凍結がありますから、できっこないと思ってるんです。

渡邉　習近平がここに来ておかしいというか、完全に政策がひっくり返り始めましたよね。あれだけ苛め抜いたＩＴ業界にも寛容になってきて、交通サービスのディディ（滴滴）のネット配車アプリの新規ユーザー登録が再開されています。１年半ぶりです。不動産デベロッパーにも金を貸してやれと国有銀行に指示しているし、かなり方向が変わってきているんです。

１２０年ぶりの日英同盟成立の最大の功労者は習近平

渡邉　さっき「自由で開かれたインド太平洋」が完成したって話しましたけれども、これは実に第１次世界大戦以来の１２０年ぶりに結んだ日英同盟なんですよ。いま、良くも悪

日英同盟　ロシアの脅威を共通とした1902年に調印されたイギリスと日本の同盟。1923年の終結まで、第一次世界大戦で主要な役割を果たした。

くも時代が戻ってるんです。

井川 なんでイギリスなんだろうかとも思いますがね。まあドイツが親中だからでしょうか。でも、イギリスだって中国にはいいようにやられてる印象ですけどね。

渡邉 そうなんだけれど、イギリスはこちら側に押さえとかなきゃいかんということでしょう。

井川 そういうことですかね。まあそれでもイギリスがEUを外れてくれたことと、どちらかというと反中なのは、日本にとっては有難いことです。

日本のマスコミはなぜか知らんけれども、EUからイギリスが外れることが良くないとか、残念だみたいな論調が多かった。けれども、日本から見たらEUだってライバルなんです。ライバルが弱体化すること、敵を離反させることは、兵法の基本中の基本じゃないですか。

渡邉 それは日本にとってはいいことだし、ちょうど「開かれたインド太平洋」ができて実行された最大の理由はブレグジット（イギリスの欧州連合離脱）ですから。

井川 そういうことね。そうじゃないとできない。

渡邉 結局、安倍さんが言っていた海洋国家群なわけじゃないですか。あれが成立するのは、イギリスがEUのなかにいたら成立しなかった。

井川 なるほどな。

渡邉 これは習近平のおかげなんです。2015年10月に習近平が国賓としてイギリスを訪問しました。あのときに傍若無人な振る舞いをし、エリザベス女王に対して無礼な態度を取ったじゃないですか。あれをお膳立てしたのが当時のデイビッド・キャメロン首相で、親中派政権だったわけです。習近平に対してイギリス女王が不平を漏らしたのを受けて、保守層がブチ切れてしまった。それでEU残留の世論調査がひっくり返ってしまい、ブレグジットが叶ってしまった。

井川 つまり、習近平が産みの親なんだ。

渡邉 これは歴史の皮肉です。そういうもんですよ。ブレグジットが決まった直後に、イギリスのメイ首相(当時)がアメリカに渡って、その年に日本に来て、日英の第1回目の安全保障の声明を出したんです。これがいまの日英同盟の礎になっているんです。

イギリスが栄光ある孤立に戻って海洋国家に復帰したことで、ユーラシアとの接点が切れたわけです。

井川 なるほど。それを聞かされると、安倍さんがいかに凄かったかが際立っちゃう。きちんとした歴史観もあるし、やはりここで海洋国家は海洋国家と手を結ぶべきだっていう哲学を見せつけてくれている。

渡邉　２００６年当時、谷内《やち》正太郎さんたちの外務省グループが編んだベースを、小泉純一郎総理、麻生太郎外務大臣、安倍官房長官で決定して、日本の外交方針だと明言したんです。その裏で、日本は中東和平にも関わろうとしたんだけれど、アメリカが民主党に政権交代（２００９年オバマ大統領誕生）しちゃったんで、中東和平会議が日本でできなくなって、アメリカに手渡した。すると、そこからまた中東がおかしくなっちゃいました。サウジとアメリカの関係がギクシャクし始めた。

それでトランプ政権に戻ってくる前に、２０１６年にイギリスのブレグジット国民投票があったわけで、保守層の勃興という大きな流れができた。台湾では民進党の蔡英文《さいえいぶん》も勝ったことで、台湾が島国として残るのがある意味決定されたのがその時期なんです。だから、歴史的なダイナミックな動きが一連で起きていて、非常に面白いのです。日本の企業経営と全然関係ない話になってしまいましたが、これも流れなのでご容赦いただきたい。

サウジアラビアとアメリカ　シェールオイルなどでアメリカが産油国第１位になるなどの理由で石油政策で両国は一致していない。また人権問題などもはらんでいる。

日印の戦闘機共同訓練の意味合い

渡邉　いまも昔も一緒で、東インド会社、いわゆるコロニーカンパニーが国際金融資本になっているわけです。イギリスのスタンダードチャータード銀行にしても、ＨＳＢＣにしても同様です。ＨＳＢＣなんかは中国人をアヘン漬けにして金儲けしてたユダヤ人のアヘン商人サッスーン財閥が関与してできた銀行です。

オランダ発祥の金融機関オランダポストはＩＮＧグループに発展しました。ポストって付くのは、昔は郵便で何から何まで輸送していたので、貿易業を表しています。さしずめ日本ならば先ほど話に出てきた日本郵船でしょうか。

井川　かなり前に評論家の佐藤優さんが「これから剝《む》き出しの帝国主義の時代に戻るよ」って言ってました。いつだったかな？　私が刑務所に入る前だったですけれど。やっぱり、本当にそうなりました。

綺麗事が全部引っ剝《ぺ》がされて、リベラルの奴らが言ってた綺麗事が全部剝げちゃっています。私は、まさかヨーロッパで戦争が起きるとは思わなかったですけどね。

渡邉　その発端が2014年のソチのオリンピックの直後、パラリンピックとの間で起こったクリミア危機です。結局、クリミア半島は黒海の拠点であると同時に、あそこにロシア海軍の海軍兵器をつくる最大の工場があるんです。ウクライナには、アントノフを中心とした空軍基地、空軍の武器メーカーもたくさんあるわけです。

ロシアとしては軍需工場を失った状態だったんで、それを取り戻したかった。逆に言えば、ウクライナを西側が応援する理由には別の理由もあって、ウクライナはロシア製の兵器の設計図から欠点から全部持ってるわけだから軍事機密を握っていた。

最近、それに関連して面白かったのは、日本はインドとの間でも軍事協力を進めていて、2023年1月16日からインド空軍が茨城の自衛隊百里基地で合同演習を行ったことです。なんとインド空軍のスホイ（Su-30MKI）戦闘機がやって来た。このスホイ30は中国主力戦闘機の元になってるモデルで、最新のロシアのよりちょっと古いけれども、いまだに主力機なわけです。それと自衛隊機F2とが戦闘機同士で、共同訓練をやっちゃった。これは軍事機密の点で意味深ですよ。

井川　Twitterで百里基地で反対運動してる連中に絡んだ奴が暴力をふるわれたっていうんで、私がリツイートしました。「そこで反対運動してるの全員が年寄りだぜ」っ

クリミア危機　2014年2月24日に勃発したデモを発端とするウクライナのロシア人とウクライナ人の衝突。結果としてクリミアは独立を宣言し、ロシアに併合される。

て書きました。

渡邉　反対運動してる人って、必ずゼッケンをつけてやっているんで、どこかから動員されてるのがよくわかるわけです。よく街場でやってるデモでは必ず旗を持っているじゃないですか。あれって参加証明なんです。雇われている組織に自分は来ましたよと証明している。

井川　四谷の交差点のすぐそばに料亭があるんですけど、そこの女将が鹿島建設の石川洋副社長と同級生なんです。安倍さんの国葬のときに、目の前の出来事を見て、「朝日、毎日って本当に嘘つきだわ」というＬＩＮＥが写真を添えて送られてきたそうです。

つまり、百里基地での反対運動してる人と逆なんですよ。いかに多くの一般人が安倍さんの国葬に反対するために駆けつけているのかをアピールするために、朝日、毎日のカメラマンは日教組などのプロ活動家の団体名のノボリを写さないよう、アングル取りに四苦八苦していたというんですね。

アントノフ　ウクライナの航空機メーカー。設計者アントノフを中心に1952年に設立されたソ連のアントノフ設計局が源流。現在はウクライナ企業。

第3章

二進も三進も行かない製紙業界

定款に加えるべきだった海外投機事業に関する融資

渡邉　蒸し返すようで申し訳ないんですが、井川さんのあの事件（バクチで100億を失って特別背任で有罪となる）については、役員が自社の財産に損害を与えた「特別背任」をお認めになったという理解でよろしいんでしょうか？

井川　はい、外形的には特別背任なのは間違いないです。

渡邉　金融商品取引法上の連結会社であって、会社法上の連結会社ではない。

井川　大半の株主が井川ファミリーだったということですね。

渡邉　その意味で言うと、あれはもう認めざるを得なかった状況でもあったんでしょうか？　同じ特別背任に問われた日産のカルロス・ゴーン氏はさんざん抵抗した上、海外に逃亡している。

井川　いや、私は最初からまったく抵抗はしてないですね。もうさっさと片付けようと思ってました。会社の定款《ていかん》に書いていない、会社の事業目的に書いてないことに使うために多額の借り入れをしたんです。上場会社でない金融商品取引法上の連結会社ではあるけれども、会社法上の連結会社でない井川家のファミリー会社だとしても、いわゆる法理論上は特別背任にあたります。それは間違いないです。

会社の取締役が自己もしくは第三者の利益を図るために、会社に損害を与えた。じゃあ、損害を返してたんだから、損害与えてないじゃないかって話にはなるんですが、理屈からいくと、事業目的以外に借り入れをしてるわけなんです。

もしも、それが会社の余裕資金であったとしても、何らかのときに会社がそれを利用して新規事業をするだとか、あるいは銀行借り入れができないときに不利益を被る可能性がある。だから、構成要件としては成立してるわけです。全株主が「問題ない」って言えば別ですけれどもね。

渡邉　あれは正式に告訴があったんですか。

井川　ええ。検察が大王製紙の経営陣に告訴してくれってことにしたんでしょう。

渡邉　大王製紙の佐光正義社長（当時）が検察と組んで、井川家の追い出しを図ったというシナリオなんで、これはどうしようもないと観念したわけだ。

井川　取り調べの検事とのやり取りでも、検事は「まあ、井川さん、たしかにあなたの気持ちはわかる。これは井川家の会社だよ。普通に考えればね」と言ってました。

中小企業なんかでよくある話です。ファミリー会社が100%井川家の株で、1株も外部株主がいなければ特別背任は成立しなかったかもしれません。1株でも外部株主、ここで言うと大王製紙がファミリー以外にいることから、特別背任が成立してしまうということでした。まあ、それはそうですわね。

いまの副社長は当時専務だった阿達敏洋で、佐光と組んでいる。一応連結対象だったから、大王製紙側が被害者側になるんです。結審のときに、「何か一言」と裁判長に促された阿達は「厳しい処断をお願いします」って抜かしやがったからね。

渡邉　中小零細企業で100%株主の会社だったら、そうはならない。普通の常識、社会通念上どうかというと、それは方向性の問題で、嵌《は》める気になったときに嵌め込めるかっていうのは別の話になってきますからね。

ただし、借り入れしてたのがあくまでも親族企業からの借り入れであって、大王製紙からの借り入れではなかった。大王製紙は金融商品取引法上は関連会社になるけれど、持ち分が10%であれば会社法上は関連会社にならない。けれども、それが曖昧なところでクーデターを食らった。

井川　まあ、そういうことですよね。だから人的連結ってやつなんです。仮に1株も持ってなくても、連結する側、大王製紙の場合で言うと、大王製紙の主要株主。もちろん井川家も含めてです。主要株主もしくは、重要な役職、特に代表取締役に就いてる者が多額の株式を持ってるところは、連結される可能性が高いわけです。

渡邉　定款に、「海外投機事業への融資」って入れとけばよかった。

井川　そういうことです。あとはその他とかね。たいがいの定款にはその他って書いてあるんです。その他上記に関連する一切の事業ってね。やっぱり、定款に海外投機事業に関する融資って書いとくべきだったかな（笑）。

会社のコンプライアンスとは何か？

井川　会社のコンプライアンス（法令遵守）とは何かっていうテーマについては、これは論じ始めたらキリがないです。何をもってコンプライアンスというか。

渡邉　ＳＤＧｓ（持続可能な開発目標）についても、古くはＩＳＯ（国際標準化機構）もそうだけれども、結局は努力事項なんですよ。コンプライアンスに関しては法令遵守は当然として、コンプライアンスが拡大解釈されすぎちゃうのも問題なんです。逆に、倫理的問題を逸脱しても問題だしね。

井川　真面目に言うと、私のことは別にして上場企業のコンプライアンスって、どこまで行っても、株主利益に沿ってるかに収斂《しゅうれん》されるわけです。

だから、特に役員に関して言うならば、私みたいな明らかなことは別にして、株主利益を犠牲にして自分の保身だとか、陰に陽に自分のために、例えばフリンジベネフィット（賃金以外に提供される経済的利益）を取ったりだとかです。それは本当の意味のコンプライアンス違反だと思います。法律上も株主利益を最大化するための善管注意義務（善良な管理者の注意義務）と努力義務を規定されているわけですから。

渡邉　だから、ハニートラップ（色仕掛けの諜報活動）なんて絶対にダメなんだ。でも、井川さんは中国でハニトラを仕掛けられたクチじゃないですか。

井川　私なんかにハニトラやったところで意味はないですよ、影響力がないんだから。中国に2年間住んでましたけど、何も起こらなかった。だって業界3位、4位の製紙会社の当時副社長クラスを嵌めてどうするんですか。

渡邉　ハニトラを仕掛けられるのは、ある程度の政治的影響力があったり、相手に利益をもたらす可能性がある人物じゃなきゃ狙われないでしょう。

井川 やっぱり新聞、地上波のテレビでしょうか。そのあたりのプロデューサーや役員クラスはけっこうやられてるんじゃないですか。とくにテレビ局なんか軽い連中が多いですから。

渡邉 NHKでは北京支局に行くのが出世コースになっちゃってね。ですから、推して知るべしで、婚約者を捨てて現地で嫁さんをつくって、帰国して出世してる人もいるくらいです。

法令遵守は当然なんだけど、勝手につくったポリコレ（ポリティカル・コレクトネス＝政治的正しさ）みたいなものは、どこまで守るべきか。これはものすごく難しいですよね、法律じゃないんです。まあ、コンプライアンスの話はこれくらいにして、井川家のその後はどんな塩梅なんでしょうか。

叔父たちの間で複雑に錯綜する気持ち

井川 亡くなった私の父は8人兄弟の長男なんです。そして4番目と5番目が叔母。2番目はとっくに亡くなってるし、大王製紙とはまったく関係のない会社を経営していました。

要は、３番目以下の男全員が大王製紙関連の仕事をしてました。

　父は弟たちに対して、仕事に関して厳しかったのと、加えて気性もきつかったんですね。もう語り草ですけど、仕事のことで自分の弟をぶん殴ってることもありました。彼らにしてみたら、自分だって大王製紙の創業者井川伊勢吉の息子じゃねえかという思いは絶対あったでしょう。私と弟の関係でも、弟って兄貴に対して尊敬してる部分もあるし、次男で鬱屈した部分もあるし、そういった複雑に錯綜する気持ちはわかるんですよ。

　ただ私から見ていて、叔父のなかでも３番目の俊高はいちばん出来が悪かった

井川家家系図

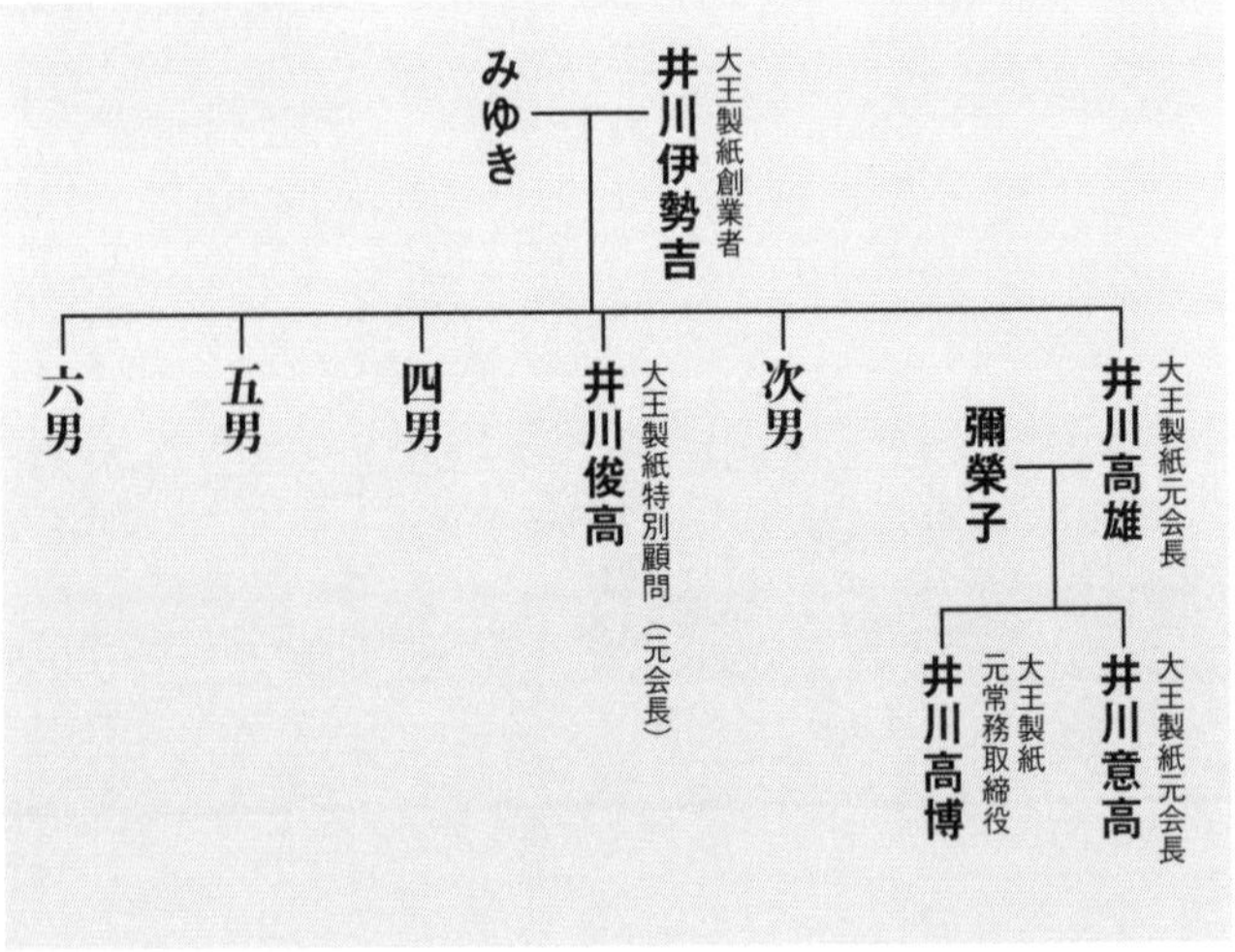

のに、父はそれでも目にかけて、大王製紙関連の仕事でも物流業の大王海運という実入りの大きな仕事を与えていた。

それでも俊高から見たら、自分も井川伊勢吉の息子だという思いと、無能の人間ほど出来のいい兄に対するコンプレックスがあったんでしょう。

渡邉 それでいまは叔父さんたちとはどういう関係にあるんですか?

井川 無接触なんでよくわからないんです。俊高は現在は大王製紙の特別顧問をやっているようです。私の父が亡くなって、いまは得意の絶頂にあるのかもしれません。でも、もう彼も82、83歳ですからね。

渡邉 もう井川家としては、株は持ってないんですよね。

井川 いえ、うち以外の一族では持ってますし、俊高の大王海運は大王製紙の3番目の株主です。筆頭は北越紀州製紙(北越コーポレーション)、日本マスタートラスト信託と続いて、その次ですね。あとは祖父の伊勢吉の兄弟の系統で、常に賛成票だけ入れている連中が数%程度を持っている。そんな感じでしょうか。

だから厳密に言うと、大王製紙から井川家全体がいなくなったんじゃなくて、井川高雄家がいなくなったということです。

鳩首協議で復活を狙う佐光前社長

渡邉　佐光正義前社長はその後、どうなったんですか。

井川　いまは名誉顧問とかいう役職で残っているけれども、実際のところは、現社長の若林頼房、専務から副社長になった阿達敏洋、この名前はさっきも出てきました。佐光が辞めた後も、ずっとこの3人で鳩首協議《きゅうしゅ》しながら物事を進めてるらしい。大王製紙社内では全社員が知っていることです。ツイッターのDM（ダイレクトメール）で、いろいろ社内事情を教えてくれる人が多いんです。

渡邉　それは間違いない（笑）。

井川　佐光は会社での復権を狙ってるんですよ。佐光をクビにしたのは実は俊高なんです。2022年6月29日の定時株主総会の当日に、総会は10時スタートなのに、9時から臨時役員会を招集し、佐光（前会長）が「株主総会で役員に選任される自信がないんで、役員候補者名簿から降ろしてください」って言ってきた。それを臨時役員会で承認したので、当日の議題として諮《はか》られなくなったんです。

それで総会では、佐光以外の11人の取締役選任がすべて承認可決されました。佐光は取締役から外れて会長職も退いて、名誉顧問に就いた。

それは俊高が自分ももう歳なんで、自分が死んだ後に佐光が実権を握って、何年も君臨して、残った井川家をないがしろにする可能性を危惧したからでしょう。結局、佐光が業界3位の**レンゴー**（3941）の会長である大坪清さんみたいになるのを、同じ業界だから俊高はよく見てるわけです。あのレンゴー創業家の長谷川家をないがしろにして、ずっと会長のままで自分は80歳を超えても好き勝手やってね。そうなるのを恐れたんでしょう。

かといって、俊高も10％くらいしか持ってないんで、佐光の取締役選任に常に反対している**北越コーポレーション**と合わせても35％しかないんです。そんな状況下、俊高は地元でずっと人間関係をつくってきてるし、大王海運を大顧客としてるのが伊予銀行と愛媛銀行なわけです。この2行の持株を合わせたら10％近くのシェアになるし、あとはファミリーの持株を取りまとめたら50％を超えるぞと脅したのでしょう。

ということで結局、万が一総会で否決されて役員から降りたら、佐光には2度と復権の目はないわけです。だから自分で降りたわけ。そうすれば、再度何らかの工作によって、逆転があるかもしれない。だって、残ってる社長と副社長は自分の仲間なんですからね。

でも今期の大王製紙は400億円もの最終赤字なので、佐光の復権どころか現社長の若林の首だってあやしい。

渡邉　そうすると、順番でいくと副社長の阿達氏が昇進するんですか？

井川　いや、阿達はもう歳だし、私のTwitterにもつい最近、大王製紙の内部の人間がリプ（返信）してきて、「阿達は大王製紙のいまの赤字をつくってきたうちの戦犯の1人だろう」って言ってきた。それが、なんかまるでどこかの創業社長みたいに、「この赤字をなくすのが自分の責任だ」とか言って、副社長の任期の内規を何度も延期してきて、何を言ってんだって憤慨してた。社内の不満分子が私にTwitterで情報を入れてくるわけですよ。

渡邉　大王製紙が今期400億円の赤字って言われましたけど、これはもうかなり悲観的に捉えたほうがいいのでしょうか？

井川　株主資本が2千数百億円ありますから、この状態がまあ6年続かない限り、経営破綻はあり得ないんですけれどね。でも若林は馬鹿ですね。言わなきゃいいのに、今期は400億円の赤字だけれど、来期には100億円以上の黒字に戻すとか発言している。苦労の経験がない人間ほど、そういうことを言うんですよ。着実にゼロから頑張りますぐらいに言っときゃいいのに。まあ、一生懸命に製品の値上げはやってるみたいですがね。

10年も遅れた大王製紙の構造転換

井川　大王製紙が迫られているのがエネルギー源の構造転換という大事業です。主力工場のひとつの三島工場（四国中央市）。ここは父が設計した工場で、私が入社した1987（昭和62）年で第3缶目の石炭ボイラーが稼働していた時代でした。ひとことで言うと、この三島工場って石炭ボイラーにかなり特化してるんです。

当時の大王製紙三島工場は、1時間で50万キロワットの電力を自家発電してました。この数字は、四国電力の総発電量の約1割でした。それぐらい製紙業ってエネルギーを使う産業なんです。

石炭っていうのは石油に比べたらハンドリング（取り扱い）が悪いんですが、コストが安いんです。当時の通産省の指導もあって、大王製紙は懸命に石炭発電に転換した。それが奏功して、三島工場は非常にコストが安い紙をつくり続けることができた。

あとは時代の流れで、バイオマス（バイオ燃料）ボイラーを導入しました。でも、バイオマスって結局は、そのエリアから出る廃材が原料なんですよ。古い建築物を壊した後の木材部分だとかね。でも、これって限界があるじゃないですか。狭い四国では原料調達に難儀しなくちゃならない。瀬戸内海を渡っての向こう側（大阪・兵庫・岡山・広島）も工業地帯ですから、ライバルも多いわけです。

そうした環境下、もう十数年も前から、私がいた頃はＳＤＧｓという言葉はなかったけれども、CO_2問題は言われ始めてました。私の頃は第６回の気候会議ＣＯＰ６だったんですけど、いまはＣＯＰ27か。そんな時代なんだから、せめてエネルギーをＬＮＧ（液化天然ガス）に転換しなければいけなかった。

ただし、とんでもない額の投資が必要なんです。石炭ボイラーひとつをつくるのに２００億円近くする。それにタービンなどを加えると３００億円近くかかってしまう。だから、これまで石炭ボイラー３缶で１０００億円以上かけてやってきたわけです。当時は重油よりもコストが下がるっていうメリットがあるから、石炭を採用する動機も働いたんです。

でも、ＬＮＧっていまは石炭より価格が高いのです。おまけにエネルギー源にするとしても、四国にＬＮＧを手掛ける会社がないんです。

そうすると、もう石炭と一緒なの。自前で巨大なガスタンクをつくって、しかもタービンは石炭と原理が違うので流用できません。石炭ボイラーっていうのは、石炭を摂氏400度に焚いて、百数十気圧の水蒸気をつくる。それでタービンを回す。

ところが、天然ガスタービンっていうのは、直接、火を噴く仕組みなんです。要は、ジェット機のジェットエンジンと一緒。だから、いま使ってる水蒸気タービンは使えないんで、結局、全部入れ替えなきゃいけない。

でも、コストは上がる。ということで、単純に環境問題のためだけにやらなきゃいけないわけです。私のあとの経営陣は、ガスタービンへの転換を本来ならこつこつと10年かけてやらなきゃいけなかった。にもかかわらず、井川家を追い出した結果、「利益は出てますよ。増益してますよ」っていうことを株主や世間に示さないと、自分たちのレジテマシー、正当性を訴えられない。だから、たぶん大型設備投資をずっと先送りにしてきたんです。

それがここに来て、たまたまウクライナ問題が起きて、燃料高が経営を圧迫している。けれども、構造転換に関しては10年以上遅れている。これから先、そもそも大赤字を出しちゃった後に、売り上げも上がらない、コストだけが上がる大型設備投資は無謀きわまりない経営になる。

ＬＮＧ発電の設備投資額については私もよくわからないのですが、石炭ボイラーの感覚で言うと、１０００億円近くかかるような投資をこれからやっていくのは狂気の沙汰じゃないですか。

そもそも紙の業界はご存じのように、へこんでいる。そこの業界第４位。私の頃は第３位だったけれど、レンゴーに抜かれて第４位の会社になっちゃった。私が投資家だったら、大王製紙には絶対に投資しません。

四半期決算による弊害

渡邉　石炭タービンの件だけど、ＬＮＧじゃなくて高効率の国産石炭タービンに換えるという手もありますよね。そちらのほうが実際にコストも下がるのではないでしょうか？

井川　下がります。はい、おっしゃる通りだと思います。

渡邉　だから、やっとかないとね、準備しとかないといけなかった。

井川　本当にそうです。でも、いまは世界の時流からいうと、河野太郎デジタル大臣は海外への石炭効率タービンへの融資さえもさせない。それには貿易保険も付けないって言っ

グリーン予算　太陽光発電やバイオ燃料などの導入で、環境を保護しながら産業構造を変革し、社会経済を大きく成長させる国の政策「グリーン成長戦略」の予算。

てる時代ですから。

渡邉　ただ、それは河野太郎の暴走でね。一部の環境族と結託してるんです。アメリカで今度共和党が勝つと、そうした対応が全部ひっくり返ります。

井川　なるほど。

渡邉　下院が共和党なんで、グリーン予算が付きません。結局、CO_2排出権取引がアル・ゴア副大統領時代からの民主党の利権なんです。共和党の基盤って南部にあるじゃないですか。南部テキサスって油が豊富に出るんで、税金が安いのです。

井川　保守勢力の支援者で資産家のコーク兄弟の本拠地カンザス州も近いです。

渡邉　それもある。下院を共和党が押さえてるので、太陽光などのグリーン予算が付かない。そもそも太陽光パネルが中国から入ってこないから買えませんけど。そんなこんなで、日本の環境族の横暴はたぶんひっくり返される。

井川　だとしても、少しは大王製紙も、置き換えの設備投資はしなきゃいけない。

渡邉　本当は置き換えのための設備投資をしておかなきゃいけなかった。利益が出たら、株主に配当を出すよりも、先にそちらを実行しておかないといけなかった。将来投資ができていないのは、大王製紙のみの問題ではなく、日本全体の問題でもあるわけです。

CO_2排出権取引　企業などにCO_2排出量の上限枠（排出権）を割り当て、上限より少なかった場合、上限を超過して排出する企業に対し余剰分を売ることができる制度。

株主に配当を出すために優先させたっていうのが、この10年の日本の経営者の姿であったと思う。ここ30年タームでいうと、四半期決算の発表がけっこう影響が大きいですよ。半期決算から四半期決算になって短期利益を出さないと、役員がクビになっちゃうんで、なかなか中長期計画が立てられなくなった。

井川 ただ、これは我々の会社だけかもしれませんけど、四半期決算ってそんなにプレッシャーになってない部分はありました。結局、経営者の感覚って、年間を通して利益が出てればいいだろうみたいなものです。実はうちが古い考えなのかもしれませんけど。

渡邉 業種業態にもよるでしょうね。重厚長大系はけっこうそうかもしれないですね。

井川 そうですね。四半期ごとにジタバタしてもしょうがないんです。

渡邉 インフラ系とか重厚長大系は変わりようがないですもん。だから重厚長大系は将来投資をしていないと、やばくなるっていうことです。

サラリーマン経営に染まった現在の大王製紙

井川 おっしゃる通り。だから今回対談するのにあたって、大王製紙の財務諸表を久しぶ

コーク兄弟　総合資源会社のオーナーで資産430億ドルを持つ大富豪。リベラルな政治は企業活動や市場、市民活動を規制しているとして解除を目指しているリバタリアン信者。

りにきちんと見てみたら、私らの頃は自己資本率が十数％だったんですよ。資本効率がいいといえばいいんですけれども。昔から金融機関からはもうちょっと〝厚く〟しましょうと常に言われてたんです。会社の〝安定性〟という尺度からアドバイスしてくるわけです。「でも現金が回ってるからいいでしょう」なんて私らは言ってました。

私の後の経営陣はサラリーマンだから、やはりそこを厚くしようと躍起になって、なんといまは自己資本率は二十数％で、株主資本が倍ぐらいの2千数百億円になってるわけです。その分を、本来は設備に投資しておくべきだったんです。

渡邉　繰り返しになるけど、将来への設備投資で高効率になっていないといけない。結局、紙の商売って申し訳ないですけど、家庭紙なんてどれも変わんないんじゃないですか。ブランドによる大きな差が出ない。そうすると、やっぱり最新鋭のローコストの設備を整えてるところが、圧倒的有利になってくるわけです。規模のメリットと併せて考えるわけです。

井川　申し上げたように、私が東京地検特捜部に逮捕された2011年時点の大王製紙の自己資本比率から、いまの自己資本率は倍ぐらいになってて、金額でも1000億円以上の厚みが増えている。

自己資本率　総資本のうち純資産の占める割合をいい、自己資本に依存している割合を示すもの。自己資本比率が高い場合は、負債が少なく健全性が高いと言われる。

私以降の経営陣はどうしていたのか。もちろん何もしてないわけじゃなく、ロジスティクスの充実に努めていたことなどは、ニュースで見てました。けれども結局のところ、もっともっと長期的視座から見て、目先にそんなに利益が出ないことをするのが必要だと思うのがオーナー経営であり、創業家経営なんですよ。そして私が去った大王製紙もやっぱり、サラリーマン経営に染まってしまった。

バクチに近い製紙会社の大型投資

渡邉 インフラ産業は、10年単位の時間軸でもって計画的に取り組んでいかないといけません。紙業界もある意味、インフラ産業と類似する業界です。だから、家庭紙の大王製紙が、それができてないのは非常にリスキーに思えます。

例えば、今回のコロナ禍で問題となったマスクですね。こんなものは本来、国内の製紙メーカーが頑張んなきゃいけないところだった気がします。

井川 でも、大王製紙は割合早くにマスク生産に対応してたようでした。

渡邉 そうですか。そうした対応が本来のＳＤＧｓであり、社会的関わりなんでしょうけどね。インフラ企業の果たす役割という意味では。

井川 長期という意味ですと、例えば製紙会社が大型投資をすると、だいたい建設に2年はかかるんですよ。家庭紙の設備投資だと、18ヵ月かかります。大型設備の印刷用紙とか新聞用紙の場合は24ヵ月、2年は見なければなりません。杭《くい》打ちから始まって、竣工《しゅんこう》式までの期間です。

それにフィジビリティスタディ（実行可能性調査）には1年以上かけるんで、3年後を予想しなきゃいけないんですよ。3年後に需要がどうなってるかとか、経済環境がどうなってるかとかの予測です。ですから、とことん理詰めに詰めに詰めるけれど、バクチの性格が大きい。3年後の経済を読めたら、私も含めてみんな投資家で成功してますわ。

だから、それで投資に失敗して消えていった製紙会社はけっこう多かったんです。上場会社でも然《しか》り。その結果、残ったのが体力のある王子製紙と、まあまあの規模があった日本製紙と、大王製紙でしょうか。

ちなみにレンゴーは生き残りやすいんですよ。段ボール生産への投資は少額で済む。ひとつの工場が数十億円で建てられるからです。それを全国各地、数十ヵ所の工場を持ってやっているので、リスクがかなり低いんです。

製紙業界最大手の王子製紙が蹉跌した中国ビジネス

渡邉　日本企業がダメなところは、本当はできるのに、それをやってないところでしょうね。半導体の受託製造（ファウンドリー）世界最大手のＴＳＭＣ（台湾積体電路製造）が手掛ける熊本工場が半端なく凄いんです。クリーンルーム（防塵室）をつくって設備を入れるのに、普通は5年はかかりますよ。それを1年半でやっちゃう。

井川　そうなんですね。それはべらぼうだな。

渡邉　24時間の突貫工事で、1年半で工場をつくってラインを稼働させちゃう。いまの日本企業はそういう目標を立てて、チャレンジしないですよね。

井川　すごいとしか言いようがない。

渡邉　半導体工場のクリーンルームですよ、普通の工場じゃない。紙会社の工場も当然、クリーンルームに近い状況でしょうけど。

井川　オムツとかの生産現場はそうですけどね。

渡邉　必要でしょうけど、半導体レベルのクリーンルームですからね。ちょっと話を日本の製紙会社のほうに戻すと、業界ナンバーワンの王子製紙って、中国に進出したけど失敗したという話がよく聞こえてくるんです。実際のところはどうなんでしょう。

井川　あれは大失敗です。あの中国への投資は王子製紙の元会長の鈴木正一郎さんって、業界でも嫌われて、社内でもどうかと思われた人が独断でやったことだと伝えられています。たしか進出したのは江蘇省南通市で、総投資額は2000億円。原料のクラフトパルプからの一貫生産体制を構築するというふれこみでした。それが大失敗で、いまだに王子製紙の足を引っ張ってます。まあ、王子製紙自体の経営は悪くはないので、それを吸収できているんですがね。

王子HDの事業別の収益構成

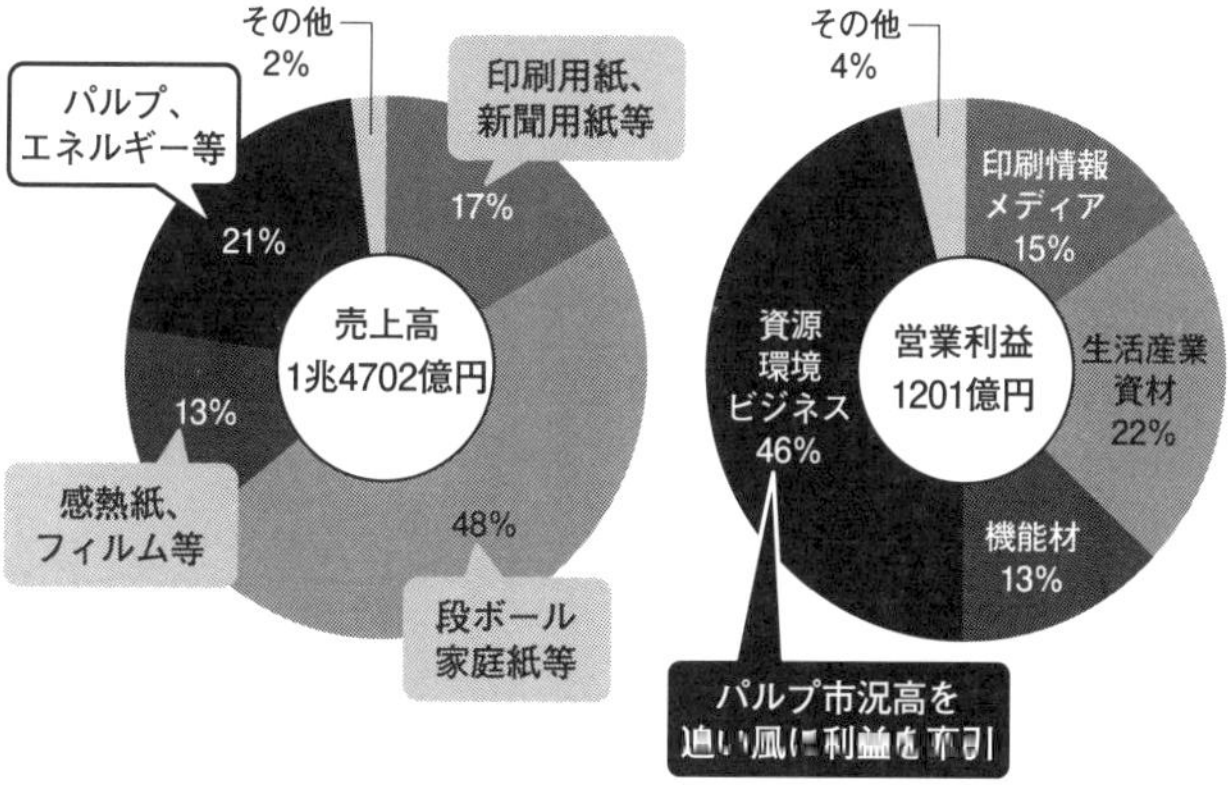

週刊東洋経済2023年2月25日号

南通市に進出してきたときには大歓迎されたのに、そろそろプロジェクトが完成近くなってきたら、いろいろと難癖つけられて、排水を揚子江に流すには環境基準をオーバーするって言われた。そこで100キロ以上のパイプラインで黄海に排水を流せと命じられた。でも、さすがにそれは無理で、結局、いろいろと南通市に金を使って認めてもらった。でもその後も、折にふれ嫌がらせされている。それなのに中国から逃げることもできなくって、いまの王子製紙の頭痛の種ですね。

東芝化が進む製紙業2位の日本製紙

渡邉　最終的には中国に置き捨ててくるしか対応策はないんじゃないですか。製紙業って必要なものだけれども、人口に応じてでしか発展しない。

井川　それはおっしゃる通りです。戦後、製紙産業のGDPデフレーター（包括的な物価指数）が高かった時期があるんです。GDPデフレーターが2を超えていた。でも、経済が成熟すると、GDPデフレーターが横ばいになって、そしてマイナスになるんです。

世界全体ではパルプを手掛けているところは案外残るんではないかと思います。家庭紙も厳しいけれど残る。家庭紙需要は人口とほぼ平行なのとペーパーレス化と無縁だからです。だってパソコンでお尻を拭くわけにはいかないですから（笑）。

ただし、それ以外の印刷用紙ですとか、新聞用紙ですとか、包装紙などは無理でしょう。包装も省包装化が進んでますし、だいたい過剰包装なのは日本ぐらいなんですよね。

だから、まあ製紙会社は製紙以外のところに展開するか、世界的に見たら家庭紙とパルプで生き残りを図るしかありません。もう印刷系はダメです。

渡邉　だって、印刷会社が紙に印刷してないですからね。**大日本印刷**（7912）だってほとんどが特殊印刷で、ラッピング用のフィルムなんかに印刷してるわけですね。**凸版印刷**（7911）も牛乳パックなどのパッケージ関連や公共事業などのソリューションビジネスに注力しています。場合によっては、印刷技術を使って、液晶パネルのフィルムをつくってみたりしている。しかもプリントパックやプリントネットなどのネット印刷が複数の受注をまとめて低単価、納期短縮を実現している。

すでに紙というものに対する考え方が変わってきたんでしょう。なくなりはしないけど、家庭紙は言うに及ばずね。でも、現実にはオフィス用紙なんかはどんどん減っている。

井川　こんなことを言うのはおこがましいけど、日本の製紙業界を冷静に分析してみると、第2位の日本製紙はおそらく生き残れません。東芝化が進んじゃってるからね。一方、第1位の王子製紙は、他社の不振をよそに高見の見物を決め込んでいる様子です。これだけ原燃料が上がっても、王子製紙は今期も黒字です。だから、本当は値上げしなくてもいいぐらいだけど、一応値上げについては他社と同調するふりはしてます。

　日本製紙が持っているひとつひとつの工場を見てみて、もし私が大王製紙、あるいは王子製紙の社長だとしてこのなかに自分たちが買いたい工場があるのかを考えてみると、ひとつとしてないんですね。

　ところが日本製紙は関連した優良会社の株をそこそこ保有してるんです。特殊紙や

既存の印刷会社とネット印刷会社の違い

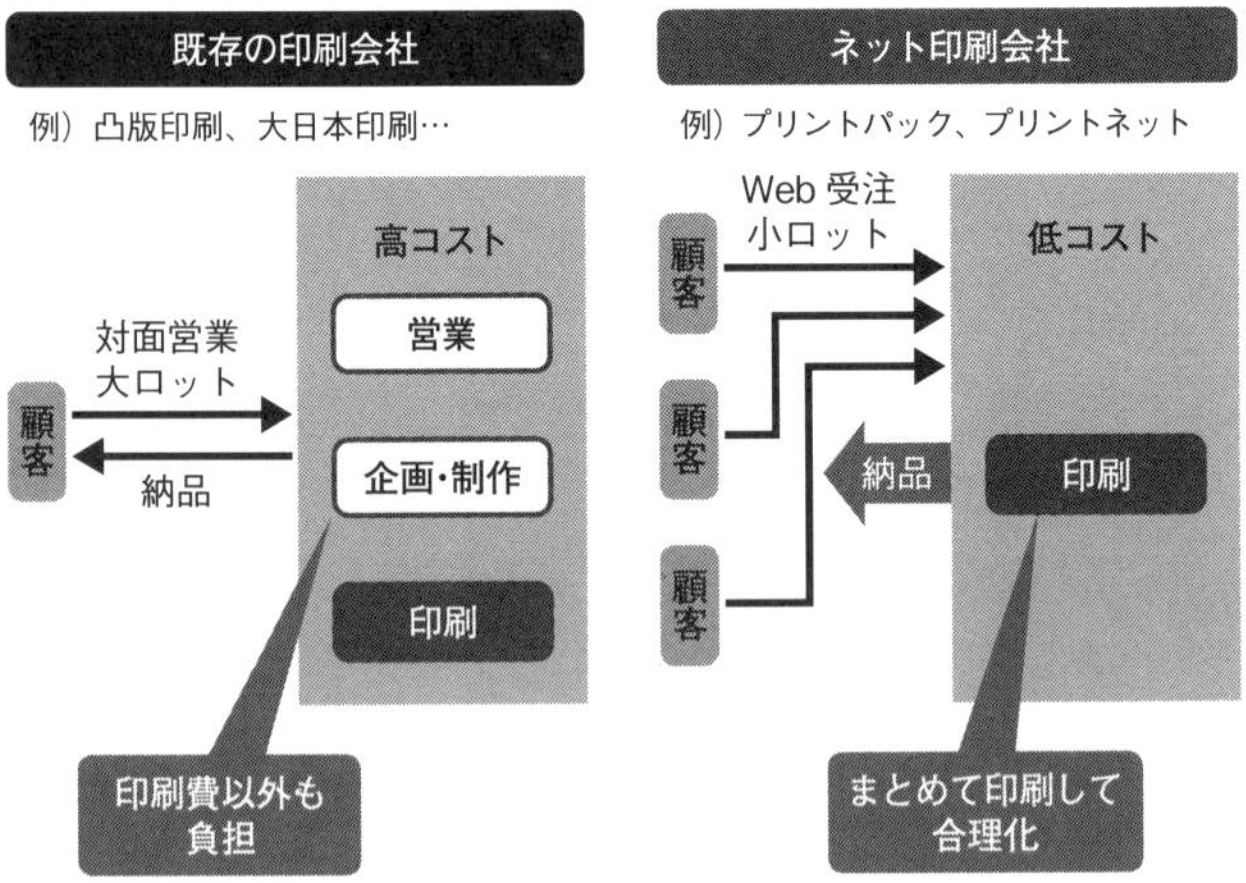

週刊東洋経済2023年2月25日号

フィルムの開発を行う**リンテック**（7966）とかね。こういうのは東芝と同じパターンで保有株式からまず売却していって、最後は周りの製紙会社が、「うーん、ここならもらってもいいや」と言って目ぼしい工場を買い取って、最後は解体して終わりみたいな感じでしょうか。まさに第2の東芝になります。

大手メーカーのオムツはドングリの背比べ

渡邉　オムツの国内需要、市場規模ってどのような変化を遂げてるんでしょうか？

井川　ベビー用紙オムツのほうが、私が家庭紙を始めた頃年間出生人口がで150万人ぐらいで、私が会社から離れた2011年で120万人ぐらいですよ。私自身、人口動態はよく見てたんです。大人用の紙オムツとベビー用の紙オムツもビジネスのうちなんでね。いまは80万人とか言ってるわけです。

渡邉　大人用紙オムツも、結果的に団塊世代の死亡とともに需要が減ってきちゃいました。

井川　もうあと10年ですよね。

渡邉　2035年ぐらいには減少してくる。

井川　昨年、今年と大王製紙の国内家庭紙部門、要はティッシュ、トイレ紙、紙オムツについては、まだ売り上げを伸ばしてはいるんですよ。私が離れた頃で、国内売り上げが1400億円から1500億円ぐらいだったけど、いまは2000億円近くまでいってますからね。10年かけて、やっと3割伸びたかなって感じでしょうか。

渡邉　井川さんから見て、紙オムツ部門に断トツで強い**ユニ・チャーム**（8113）はどう捉えられてますか。

井川　凄いですよね。ユニ・チャームの10年後の姿はわからないけれど、少なくともこれまでの20年間は見事に戦略が当たってます。自分のコア（中核）である吸収体ビ

ユニ・チャームの中長期財務目標

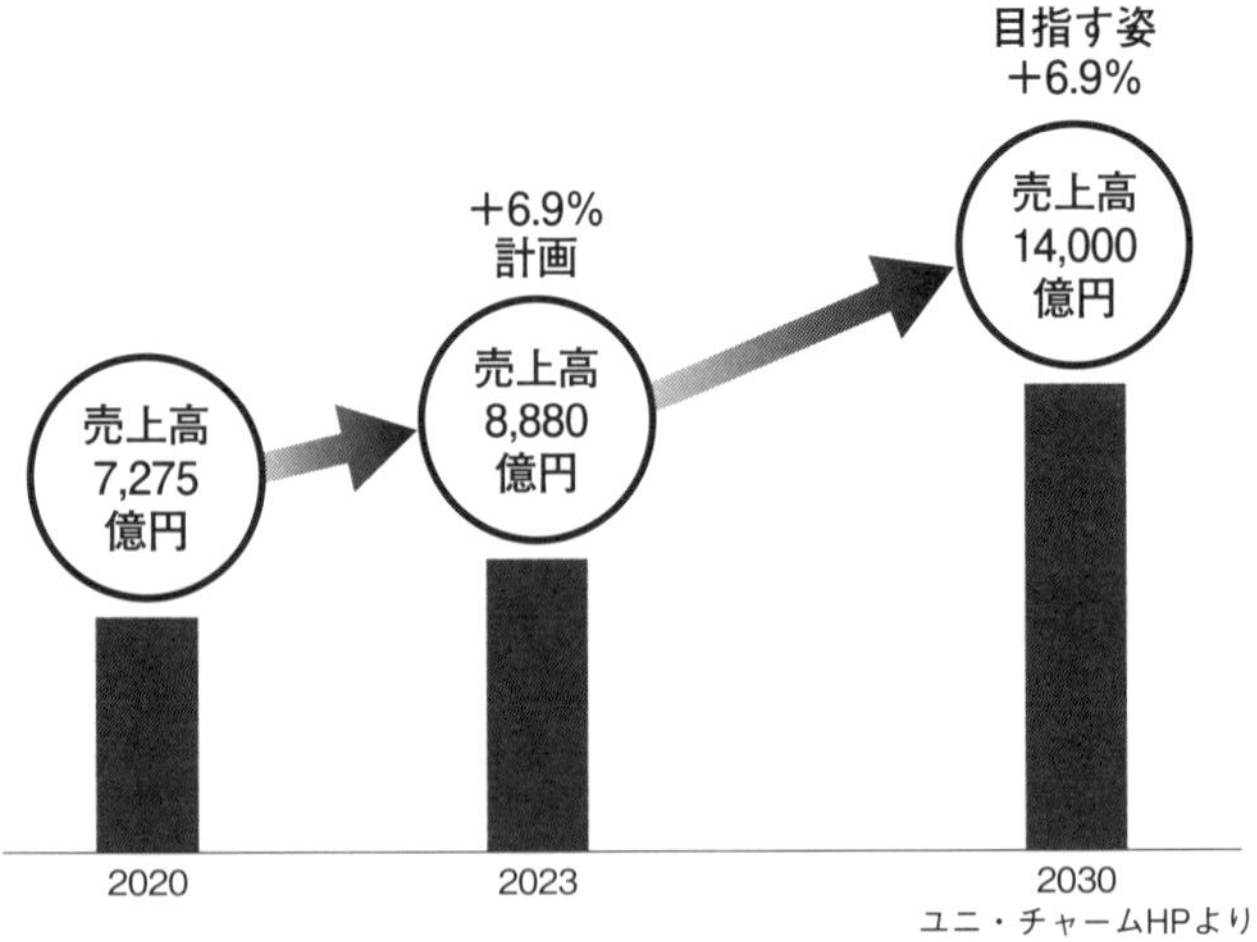

ユニ・チャームHPより

ジネスに経営資源を集中して、日本という衰退マーケットじゃなく、世界中で展開していこうという戦略です。

渡邉　ユニ・チャームは使用済みの紙オムツから、素材のパルプや高分子吸収ポリマーを取り出す独自の技術を開発したことで有名です。

井川　各紙オムツメーカーがそれぞれ特許を取って、独自性をアピールするんだけど、私に言わせればドングリの背比べです。あとはやっぱり営業力の差でしょう。

もちろんひとつひとつの商品の良さってのはあります。車だって同じように走ってるだけだって言っても、車好きにしてみれば、いろんなところに違いがあるのと一緒で、そこはみんな日々地道に競争をしています。まあ、それぞれ特徴を備えているんです。

例えばエリエールだったら、漏れないのは当たり前だから、肌に優しいことを前面に押し出している。あるメーカーはとにかく漏れないだとか、肌がかぶれないとか、それぞれ自分のところのブランドの特徴を謳《うた》っています。基本的な性能をみんな備えた上での話ですから、こうなると、まあ好みの問題です。

渡邉　外国大手メーカーに関してはボロいのがあるけどね。

井川　国内の大手メーカー品で、基本的な要件を満たしていない商品が市場にはあるはずがないんです。なぜなら、まず小売が置いてくれませんから。あとは、営業力の差です。

渡邉　だから、ある意味、その点の隙間産業がアイリスオーヤマですね。紙オムツから家電やＤＩＹ商品などいろんなモノに手を広げています。

『課長島耕作』の裏側に潜むもの

井川　その意味で言うと、海外戦略っていうのはひとつの方法です。私のことが事件になる直前までタイ、ベトナム、インドネシアの進出を計画していて、実際にタイでは工場を建設中でした。

業態メーカーベンダーのアイリスオーヤマ

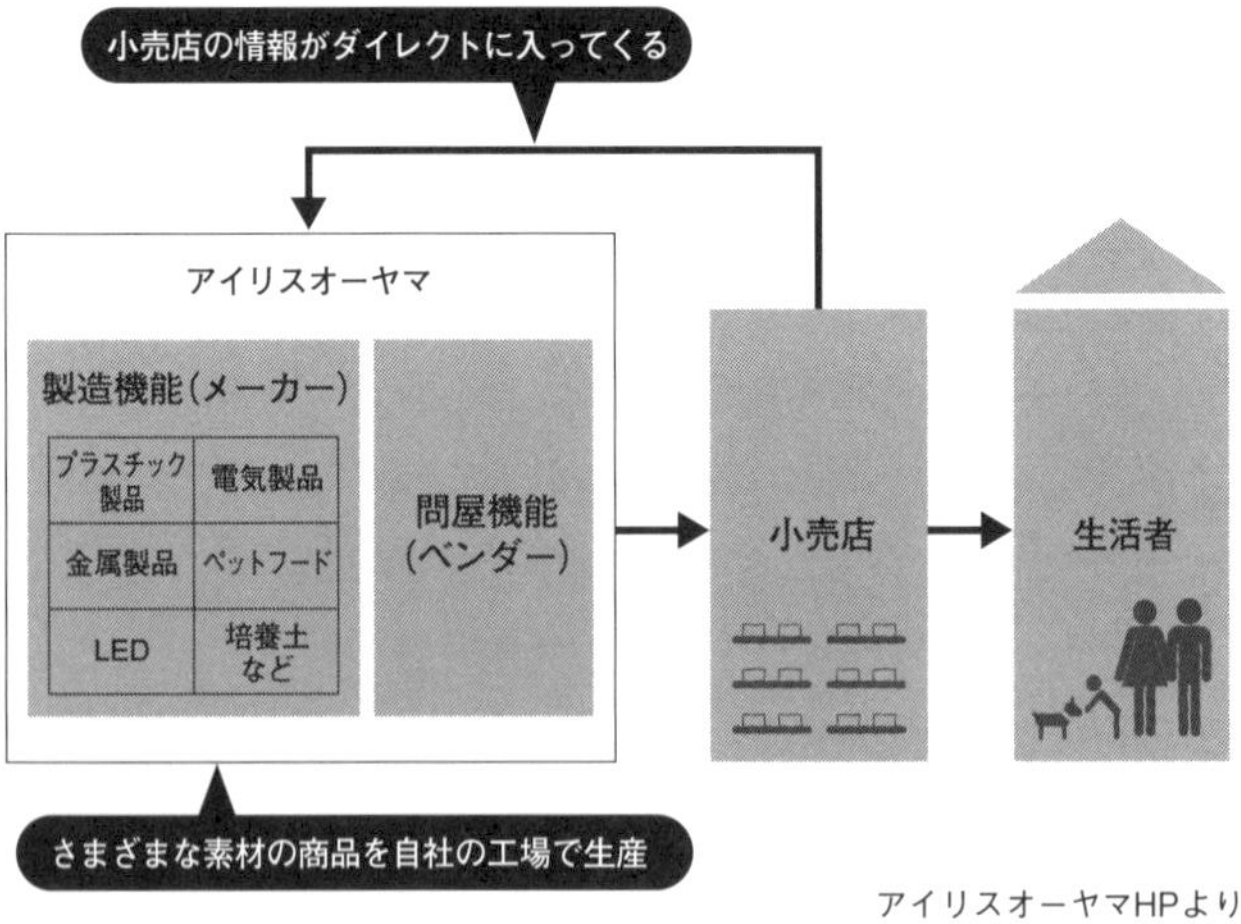

アイリスオーヤマHPより

島耕作　1983年から「モーニング」で連載が始まった団塊世代のサラリーマンを主人公にした漫画。累計発行部数は4600万部を突破。現在も「社外取締役」として連載中。

中国に関してはもともと嫌いっていうか、政治的な意味で嫌いなのではなくて、稼いだ金を日本に持って帰れないわけでしょう。人民元をもらってどうすんのよって話です。巨大マーケットと言っても、すぐにコピーされるし。

中国でやるんだったら、人口絶対数が多いのでベビー用紙おむつかなと。ユニ・チャームも花王も先行してそれで稼いでるのを知っていたからです。でも逆にリスクも大きいので、実験的に生理用ナプキンの合弁事業をＡＰＰ（アジアパルプ&ペーパー）との間で始めました。

ＡＰＰとはファミリー同士も仲が良かった、インドネシア由来のアジア最大の製紙会社です。中国での生理用ナプキン事業は、うちが４割だけ株を持って、向こうが６割。まずは合弁事業をやってみるというパイロットプラント（試験用工場）です。場所は江蘇省蘇州市蘇州工業団地。合弁会社の設立は２００５年でした。そこで中国でのマーケティングだとか、実際の中国ビジネスとはどういうものなのかの手ほどきを受けるわけです。もちろんメーカーなので、中国人をワーカーとして雇うテストケースでもありました。

渡邉　インドネシアにしても、タイにしても、中国華僑が経済を握ってる。華僑をなかに入れないで日本人が直接やったら、騙されるだけです。合弁でやるのが正しくて、40％だ

APP　インドネシアの財閥で世界有数の企業シナルマス・グループの一角として、世界120カ国以上の国々に製品を供給する総合製紙メーカー。

ったら、一応関連会社になる。40％を切っちゃうと関連会社にならないので、連結対象にもなりません。

ただ、中国で稼いだお金は日本に移動できないので、モノにして日本に向けて輸出しないといけません。ある関西のメーカーでは中国に工作機械を売っているんだけど、代金を持ち出せないから、生産設備を持たないOEM方式でストーブやヘアドライヤーを生産して日本本社に輸出しているんです。実質的には物々交換の形です。

それでまあ、いざとなったら40人の会社で日本人社員は5人しかいないから、その5人が中国脱出を果たせばいいわけです。

井川　とにかく工場をつくる地元の自治体はじめ、保健所に至るまで賄賂《わいろ》を渡さなきゃいけないし、それを進出側がすると手が後ろに回っちゃうこともある。結局は地元を牛耳っている人間に通じる中国人に任せざるを得ないんです。こちらが51％以上持ってると、今度は合弁相手の中国人がいかに日本人を騙そうかってなるんで、向こうの会社だっていうことにしとかないといけません。

渡邉　さらに中国の場合、一定規模になると役員会に中国共産党支部を上につくらないといけない。合弁の場合には、中国共産党のメンバーが1人入ってくる。そうすると、撤退、会社清算をするときには役員全員の合意が必要というルールになっているから、中国共産党のオーケーが出ないと撤退もできない。だから結局は、その公司（会社）の株や設備をただ同然で置いてくるという格好になっちゃう。

井川　まあ、あれだけ巨大なマーケットは魅力的なんだろうけど、うちみたいな製紙会社は経済全体の端っこのほうにいるような産業だから言えるのかもしれないけど、「そんなことはわかってるのに、なぜ中国に出ていくの」って感じなんです。

わかってるのに行かざるを得ない苦渋の決断ってのもあるんだろうけど。私のツイートにも散々質問が来るんですけど、その理由はやっぱり日本企業の大半がサラリーマン社長だからじゃないんですかね。自分のときだけ良ければいいっていうサラリーマン社長の〝無責任さ〟が会社を蝕《むしば》んできた。団塊世代のサラリーマン社長がみんなそれをやらかして、いま次世代以下の連中が苦労させられてるという図式がある。

渡邉　中国で稼いだカネを持ち帰れないから、〝再投資〟するしかないんです。再投資してるうちは、とりあえず赤字計上をしないでおくので、資産として残る。ところが撤退となると一発で、その分の〝特損〟（特別損失＝経常的には発生しない一過性の損益）が出ちゃう。中国を任された日本人の董事長（会長）はみんな自分の代で特損を出したくはないんで、次の代にトランスファー（移転）することになる。

井川　いまは社外取締役になっちゃったけど、まさに弘兼憲史さんのマンガ『課長島耕作』の世代のサラリーマンが中国事業を任されたわけです。

価値観がずれている団塊世代の経営者

井川　いまの左寄りの運動をしてる連中で高齢の人たち、彼らが日本はこうであれという考えは明らかに間違っています。いまの若い人にいろいろ聞いたところ、例えば安倍さんの人気はいまだに滅茶苦茶に高いですし、さまざまな面において団塊の左寄りの連中がいまの若い人たちの気持ちを代弁してるとはとても思えない。

団塊の連中って71歳から75歳ぐらいでしょうか。昭和22年から24年生まれまでの3年間、拡大してその前後5年としても。彼らが10代から20歳前後まで受けた教育、あるいは社会世相って、いまから60年前のものじゃないですか。

そのときの価値観とか社会情勢を基に、企業経営者が30年前、40年前の自分の立志伝のときの成功体験をいまだに引き摺《ず》ってるわけです。あの電機メーカーで有名な**日本電産**（6

594）の永守重信さんみたいな考え方だと思うんです。

渡邉　日本の占領政策の一環として再教育したウォー・ギルト・インフォメーション・プログラム（WGIP）をそのまんま受けた世代だということです。同時に日教組教育がそこで広まっていき、そういう時代の教育を正しいと思ってらっしゃる、価値観がずれてる方々です。

井川　犠牲者って言えば犠牲者ですけど。

渡邉　敗戦の犠牲者です。戦争は負けちゃいけないわけです。

井川　そういうことなんですね、やるからには負けちゃいけない。

渡邉　負ける戦争はやっちゃいけない。

井川　負ける戦争もやんなきゃいけないときはあるって言う人もいるけど、そんなことは絶対にないと断言しておきます。

私は2022年の8月15日にフォロワーを1万人以上減らしました。私が「いわゆる」を付けたことをわかってくれた人は、リプライしてくれたなかで何人かいたけど、いわゆる戦犯は日本人の手で〝裁く〟べきだったとツイートしたんです。そしたら、ネトウヨが一斉にアンチリプを入れてきた。保守だと思ってた井川が戦前の日本を批判したのは何ご

WGIP　戦争についての罪悪感を日本人に植えつけるための宣伝計画。第2次世界大戦直後、占領軍(米軍)が日本で強力に推し進めた。江藤淳が1989年に自著で紹介したのが最初。

とかと非難してきた。

わが日本人を民間を含めて300万人以上犠牲にし、ついでに周りの国にも多くの被害者を出してしまった。アメリカが日本を騙したとか言ってる人がいますが、それはそうなんだけれども、国際社会においては騙されるほうがアホなんです。そこは我慢に我慢を重ねて別の戦略を立てなきゃいけないのに、いまの財務省と一緒で、陸軍、海軍が自分たちの利権で突っ走ったわけですから。

家族を守るため、お国を守るため、天皇陛下を守るためと思って亡くなった方のことを、私は尊敬してますし、頭が下がります。けれども、あのときの戦争の指導者は全員が責任を取るべきだったし、絶対にやっちゃいけない戦争でした。負ける戦争ですもん。

いまのアメリカに、イランあたりが戦争を仕掛けるようなものだったんです。戦前の日本には、機械をつくるマザーマシン（機械をつくる機械）さえなかった。マザーマシンを輸入に頼っているような国がアメリカに仕掛けるなんて、絶対にやっちゃいけない戦争だった。

第4章

王子製紙との合併交渉の内幕

真剣に議論した大王製紙の分社化

井川　段ボール業界が一時は調子が良かったんです。だから、大王製紙もトライしたようです。大きな印刷用紙の抄紙《しょうし》機に大金を投じて、段ボール原紙用に改造したんです。でも、段ボール需要は本物ではなかった。一時のコロナによる巣籠り需要だったんです。日本での売り上げの推移を見ると、もう伸びが前年比で1％を切りかけてきて、ほぼ横ばいです。

製紙業界にはイノベーションがないんです。方向性としてイノベーションしたところで、需要をつくり出せないわけです。例えば、紙からフィルムに移行したところで、もう紙には戻ってこない。

渡邉　紙っていうのは、パルプからつくるものであって、それ以上でも以下でもない。

井川　ですから、もう業種転換しか選択肢がない業種なんです。私も大王製紙の社長、会長時代に考えないことはなかったんだけど、なかなかアイデアが出てこず困っていました。それでも有望かなと考えたもののひとつには、家庭紙の海外展開があった。

これは本当の話なんですけど、弟とは真剣に議論したんです。そもそも我々兄弟のプライオリティ（優先事項）というか最大のテーマは、どうやって井川ファミリーが製紙業界から〝イグジット〟（脱出）するかでした。まあ、そういう意味で言うと、佐光のクーデターのおかげで結果的にはイグジットできた。

イグジットの具体的な方法論なんかも考えてたんですけど、持ってる株がほとんど子会社の株式なんです。だから可能性としては、関連会社の株を大王製紙の株に換えるという方法です。それでそのあと王子製紙かどこかと合併して、仮に王子製紙の株になって流動性が高まったら、イグジットできるかなと考えました。

でも、どっちにしても、親父が死んでからの話だよねということに落ち着きました。親父はやっぱりそんなことを考えないからです。そう言ってたら親父が生きてるうちに、私があんなことになってしまった。親父が死ぬのを待っていたら、いま頃私は経営者として400億円の赤字を出しています。Twitter上でも、井川家はいちばん良いときにイグジットしたなって、みんなから褒めてもらってる。いえ、これは悪乗りで申し訳ない発言でした（笑）。

もうひとつの方法としては、家庭紙は伸びるけども、国内向け印刷用紙はもうリーマン・ショック前後から見込みなしだったので、分社化を考えていました。

スタイルとしては、ヨーロッパだったら、自動車のフィアットとフェラーリがやったような形です。フェラーリはフィアットの子会社だったんです。フェラーリの株式の90％をフィアットが持ってて、残りの10％をフェラーリ創業者のエンツォ・フェラーリの息子、ピエロ・フェラーリが持ってたんですけど、この会社も上場させることとなった。どうやるかっていうと、ピエロが持ってる以外の9割を、フィアットの株主の持ち株に応じて配分するっていうやり方です。これなら平等だからね。

それで、時価総額1兆円ぐらいで上場したのかな。知っての通り、世界でもっとも強いブランドっていうのは、業種問わずフェラーリと言われています。

言ってみれば、収益をあげられないフィアットってどうしようもない会社じゃないですか。まあ大づかみに言えば、このような方法論を私と弟が考えて、家庭紙部門と大王製紙を分社化して、俺たちは家庭紙のほうでやっていこうぜっていう話をしてたんですよ。

渡邉　大王製紙の新聞用紙部門を**共同印刷**（7914）かどこかに売り払ってって感じでしょうか。いまは新聞の印刷は共同印刷が強いですから。

夢と散った王子製紙との合併

渡邉　先ほど王子製紙と大王製紙の経営統合の話がちらりとあったんですが、もう少し詳しく話していただけないでしょうか。

井川　私の事件の後、井川ファミリーの大王製紙株をまとめて王子製紙に売ろうと決意して、当時の王子製紙の篠田和久社長と企画担当の矢嶋進常務の2人と私で交渉を始めたんです。

実際、父親がまあまあ賛成してくれたのは、業界3位の大王製紙がいまは頑張って独立独歩なんて言ってるけど長い目で見たときに、大王製紙より優良な会社に経営統合されたほうが、株主と従業員に結果的に幸せをもたらすだろうと考えていたからです。

どこと一緒になるのがベストかといえば、経営も健全だし、合併した会社との軋轢《あつれき》を考えると、日本製紙の真逆の体質を持つ王子製紙しかなかった。王子製紙は合併して入ってきた会社の従業員を差別しない実績がありましたし、交渉相手だった矢嶋常務だって、もともとは被合併会社の本州製紙出身です。矢嶋さんはその後、社長、会長にまでなってます。それ以前から私は篠田社長とは年に2回ぐらい飯を食って、意見交換していた仲なんで、篠田さんも「それは大歓迎です。言い値で買いますよ」って言ってくれた。

だけど、問題がありました。その少し前に、王子製紙は北越製紙を合併しようとして敵対的ＴＯＢ（株式公開買付け）をかけて失敗、そのときの担当が篠田社長だったんです。仕掛けたのは、さっき申し上げた問題の鈴木会長（当時）なんだけどね。篠田さんは「社長として矢面に立って、2回も失敗したくない」って言うんですよ。

私はもうそのときには大王製紙の役員を辞めていました。それでまず私は叔父の俊高に話をしたんです。彼は役員会にも入ってないし。そしたら翌日、篠田さんから電話があって、「井川さん。先ほど俊高さんと佐光社長が一緒に血相を変えてやってきて、2人で土下座せんばかりに『絶対にやめてください』って言ってきましたよ」と言うのです。2人はせっかく井川高雄と井川意高を大王製紙から追い出したのに、王子製紙の実質傘下に入るのは困るっていうんで、王子製紙側に泣きついたんでしょう。

それで北越に持株を売ったんです。そんな経緯がありました。

有利な交渉材料を備えているうちに

渡邉 そういうことだったんですね。井川さんはイグジットを兄弟で考えてたとおっしゃいました。その理由付けが、製紙業界の将来が明るくないということでした。分社化してっていうことだったんですが、それはいつ頃から考えられたんですか？

井川 もう紙の需要が減ってきちゃった2000年代に入ってからです。2000年をピークに、2001年からずっと紙の需要が減っていって、その要因には予想されていたデジタル化の進展がありました。実際にそれも目に見え始めてましたしね。

私には日本人的な先祖伝来の田畑を守るといった意識はまったくないです。超合理主義者ですし、個人主義です。〝経済合理性〟で考えたら、王子製紙との合併が従業員、株主にとっても望ましい。業界3位で独立独歩にこだわって、結局、干上がってフラフラになってもどうしようもないですよ。

当時はまだまだ勢いがあって、単体としてはアジア有数、日本国内最大でもっともコスト競争力が高い工場という強力な武器を持っていました。しかも、家庭紙ではシェアトップ。このような立派な〝交渉材料〟を持って王子製紙と合併するほうが、従業員にとっても、その後も大事にされるでしょう。
加えて、大王製紙のほうが断然マーケティング力やリテールビジネスのノウハウもあるわけですから、これも交渉材料になり得ます。二進《にっち》も三進《さっち》もいかなくなってからでは遅い。実際に事件になって王子製紙に話を持ち込む前から、弟とは「できるだけ早いほうがいいよね」と話し合っていた。そのほうが高く売れるだろうし、従業員にとっても、王子と一緒になったほうが幸せだと本当に思っていました。だって王子製紙が潰れるときは、日本の製紙業界がなくなるときですから。

自己の保身しか考えないサラリーマン社長

渡邉　従業員を守るのも創業家の仕事です。

井川　もちろん。後になって、社員たちに「俺たちを沈みゆく船に残したのか」って言われたくはないですよ。その意味で言うと、叔父の俊高は大王製紙に利権があるわけです。
いまは大王製紙の物流を全部握っているからです。私の父が生きてた頃は、例えば原料を運ぶ船の10隻のうちの2隻しか俊高の大王海運には仕事を回さなかった。大王製紙の製品の出荷にしても、半分以上は絶対にやらせなかったのが、いつの間にかいまでは大王製紙の物流を100%独占しています。

俊高は佐光にこう言ったんでしょう。「お前のことをずっと支えてやるから、その代わり利権をよこせ」と。佐光に限らずいまの大王製紙の役員連中は、自分たちがいまの地位に居座り続ければいいだけで、10年後、20年後なんてどうでもいいわけですよ。

渡邉 そっちのほうが特別背任でしょう（笑）。

井川 本来だったらね。

渡邉 だって入札でもっとも効率的な業者を選ばないと、株主利益に反するわけです。

井川 おっしゃる通りです。

渡邉 親族企業でも、それが安いなり、何らかのメリットがあるんならいいけれど、メリットがないのにシェア100%にして請け負わせ、他社を排除したっていうのは、それこそ価格競争力が効かなくなります。

井川 だからこそ、王子製紙との合併が嫌だったわけです。王子との合併でそういうのを全部規律正しくやられてしまうんで、自分の利権を守れなくなってしまう。大王製紙の社長だった佐光も、当時で大王製紙の2倍半くらい規模の大きな王子製紙と一緒になったら、最初のうちは会長で置いてくれるけれども、任期4年が経てばお払い箱でしょうから。

佐光は大王製紙の社長を10年務めたんですが、創業家以外で10年やった人って他にいません。過去に2人、サラリーマン社長がいたけど、2人は4年、6年で辞めてますし、佐光の場合は結局、自分の保身でしかない。

渡邉　なんだか**フジテレビ**（4676）を見てるようです。

井川　85歳の日枝久氏。まさにそうです。

渡邉　水野家、鹿内家を追い出して、組合

フジ・メディア・ホールディングスの売上高推移

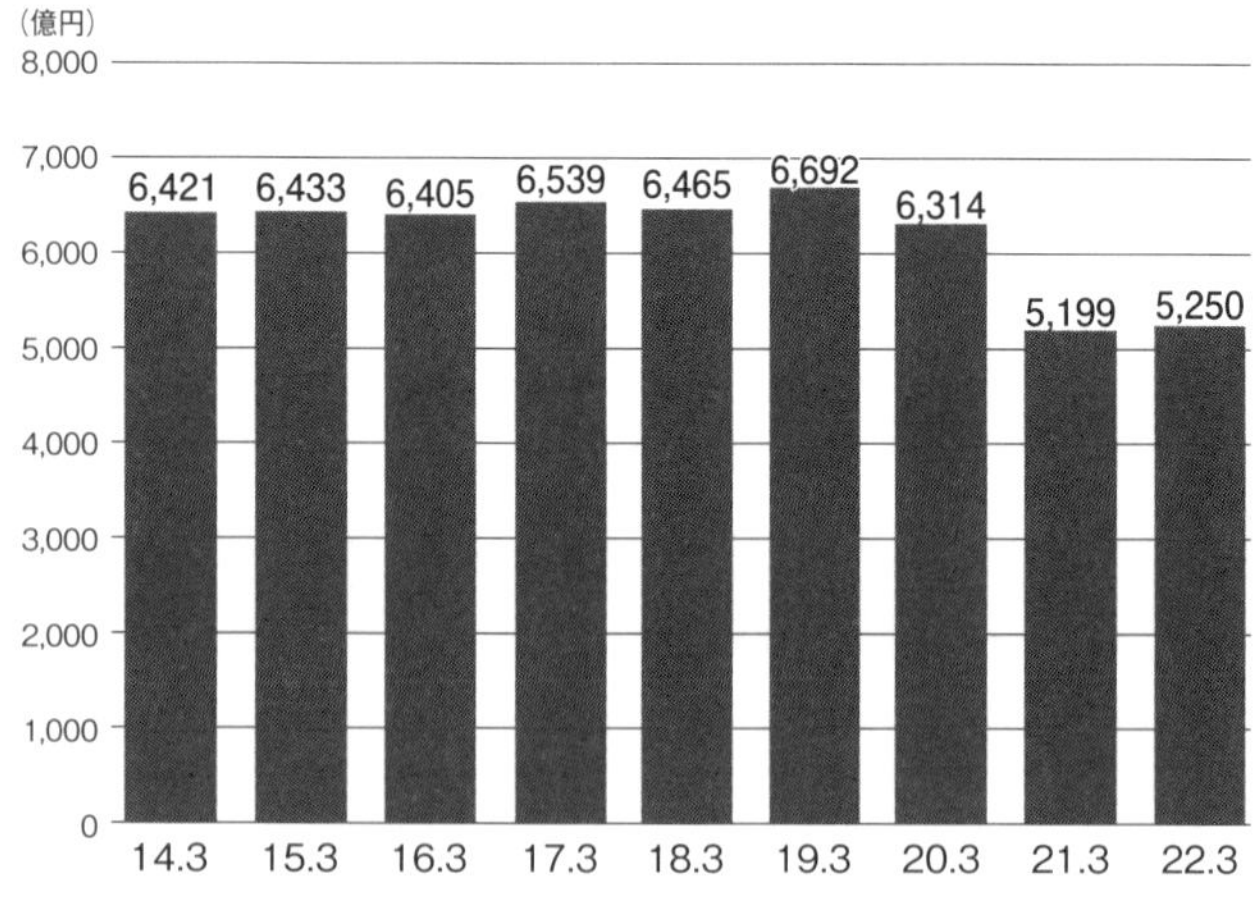

日枝久（1937〜）フジサンケイグループ代表。鹿内家の追放やライブドアの株式買い占めなど、数々の修羅場をくぐりぬけてきた。2017年に会長を退任するも現在も代表を務める。

のトップの日枝氏がトップに君臨した後、いまだに院政を敷いてますからね。

井川 フジテレビの低迷の理由は、日枝氏以外の何ものでもない。別にあの人を嫌いじゃないんだけど、昔は銀座のクラブで存じ上げたりしていてね。けれども、やってることは駄目サラリーマン経営者ですな。

渡邉 公企業の〝私物化〟ですよ、100%ね。大手広告代理店**電通**（4324）も同様で、電通がおかしくなったのも成田豊天皇の絶対院政のせいでした。結局、サラリーマン社長が院政を敷いちゃうと、その会社は必ずダメになる。サラリーマン社長であれば、任期を刻んだら代替わりしなきゃいけない。

徳川家康のようなトヨタ式経営

井川 ダメになる方向性は、創業者社長の側にもあるんです。日本電産の永守重信さんみたいにね。私もそういう人を散々見てきたからね、永守さんに限らず。

渡邉 でも、創業者社長は自分で立ち上げた分だけ、まだマシかもしれない。

井川 まあ、自分がつくった会社だからね。でも結局、日本の上場企業が停滞してる理由

成田豊（1929～2011）大手広告代理店・電通グループの会長、最高顧問。1993年から長年にわたりトップに君臨した。中国進出など電通の日本国外への積極進出を進めてきた。

はそこにあると思います。

渡邉　ある意味トヨタがアクティブな理由にしても株式はほとんど持っていないけれど、創業者として大政奉還に成功したわけです。スズキも娘婿が急逝したことで、鈴木修会長が現場に復帰し、インドへの進出や中国撤退を実現してきました。

スズキはさておき、かつてのトヨタはアパルトヘイトに近いことをしていた会社として有名でした。だって人口3万人の豊田市に、九州から工場労働者27万人を連れてきたんだからね。かつては役員の大半は名古屋大学を出た豊田市出身の人間に限られていた。なぜ名古屋大学かというと、創業者の豊田喜一郎は東大工学部でしたが、のちに社長となった長男の章一郎が名古屋大学の工学部出身だったからです。まあ、偉大なる田舎企業って陰口を散々叩かれてました。

井川　章男氏（現会長）の悪口がちょこちょこ出てくるのもおそらく、そのあたりがルーツなんだろうけど、私は章男氏がトヨタの社長になってから、トヨタという会社を少し見直しました。それまではトヨタについて、メーカーとしては尊敬するけれど、カーガイ（車好き）としては最悪な会社だと思ってました。

あの会社が世界中の車を〝家電〟にしてしまったからです。運転して楽しいファン・トウー・ドライブの車をつくっていたのは、いまは違いますけど、10年前まではドイツのBMWとアメリカのフォード、日本の**マツダ**（7261）だけで、あとはもう全部家電メーカーになり果ててしまいました。

章男氏のどこまでがポーズなのか本気なのかは別に、結果としてトヨタも面白い車をつくろうとしているように見える。

渡邉 ある意味、あの人のはクルマ道楽。

井川 昔のトヨタは1にコスト、2にコスト、3、4がなくて、5に燃費。

渡邉 トヨタは「潰れないように、儲けさせないように」の典型的な会社ですからね。

百姓は生かさぬように、殺さぬようにの徳川家康と一緒です。でも、トヨタ自動車工業（トヨタ自工）とトヨタ自動車販売（トヨタ自販）に分かれていた頃は名古屋の財界活動をしてなかった。

トヨタ自工が豊田市という田舎にあったからで、まったく興味がなかったんでしょう。かつての名古屋には5摂家と呼ばれる大企業がありました。**中部電力**（9502）、**東邦ガス**（9533）、**名古屋鉄道**（9048）、東海銀行、松坂屋が名古屋企業の代表だったんですが、いまではすっかり様変わりしちゃってます。キャベジンコーワでお馴染みの興和グ

三輪一族　興和の社長を代々継いできた一族として知られ、親族のほとんどが同社やその関連会社の役員を歴任。三輪芳弘現社長の祖父常次郎が興和株式会社を創立した。

ループなどは商社部門やメーカー部門をあわせ持つ一大コングロマリット化しましたね。

井川　ええ、とにかく創業家の三輪一族って信じられないほどの資産家のようです。名古屋ドームがネーミングライツ（命名権）でいつの間にかバンテリンドームに変わってるし。バンテリンのCMに大谷翔平を起用している。

渡邉　興和グループは「中部の迎賓館」として歴史のある名古屋観光ホテルを買ってますね。

新聞社の没落という現実

井川　バンテリンドームに改名したのは、興和グループが中日ドラゴンズを買うひとつの布石かもしれないですね。中日新聞もプライドがあるけど、本体の経営が悪いでしょう。

渡邉　中日新聞のみならず、新聞自体がもう全滅ですからね。

井川　大王製紙についてツイートしてたら内部情報が届いて、新聞用紙の価格をこの1年で約40％も値上げしたらしいのです。それはきついですよ。新聞社はただでさえ利益が出てないのに、毎日あれだけ大量に使ってるモノの値段が4割も上がったら、もはや新聞社は危機的状況に陥ってます。

渡邉　紙代、印刷代、インク代、電気代、すべてが値上がってる。

井川　購読料はまだ上げてないでしょう。上げたら部数が減るのは確実だからです。

渡邉　だから上げられない。上げると大量解約が出ちゃうんで、大変です。

井川　いまとなったら昨日の情報に月4400円も払いたくないですよ。

渡邉　昨日ならいいけど、昨日終わった情報で未来のことは書いてないですからね。

井川　いや、昔お世話になったんで、あんまり口汚なくは言いたくないんですが、私は朝日、毎日、東京がひどすぎるんで悪口を言ってるだけです。Ｔｗｉｔｔｅｒを見

新聞社の発行部数と部門別売上高

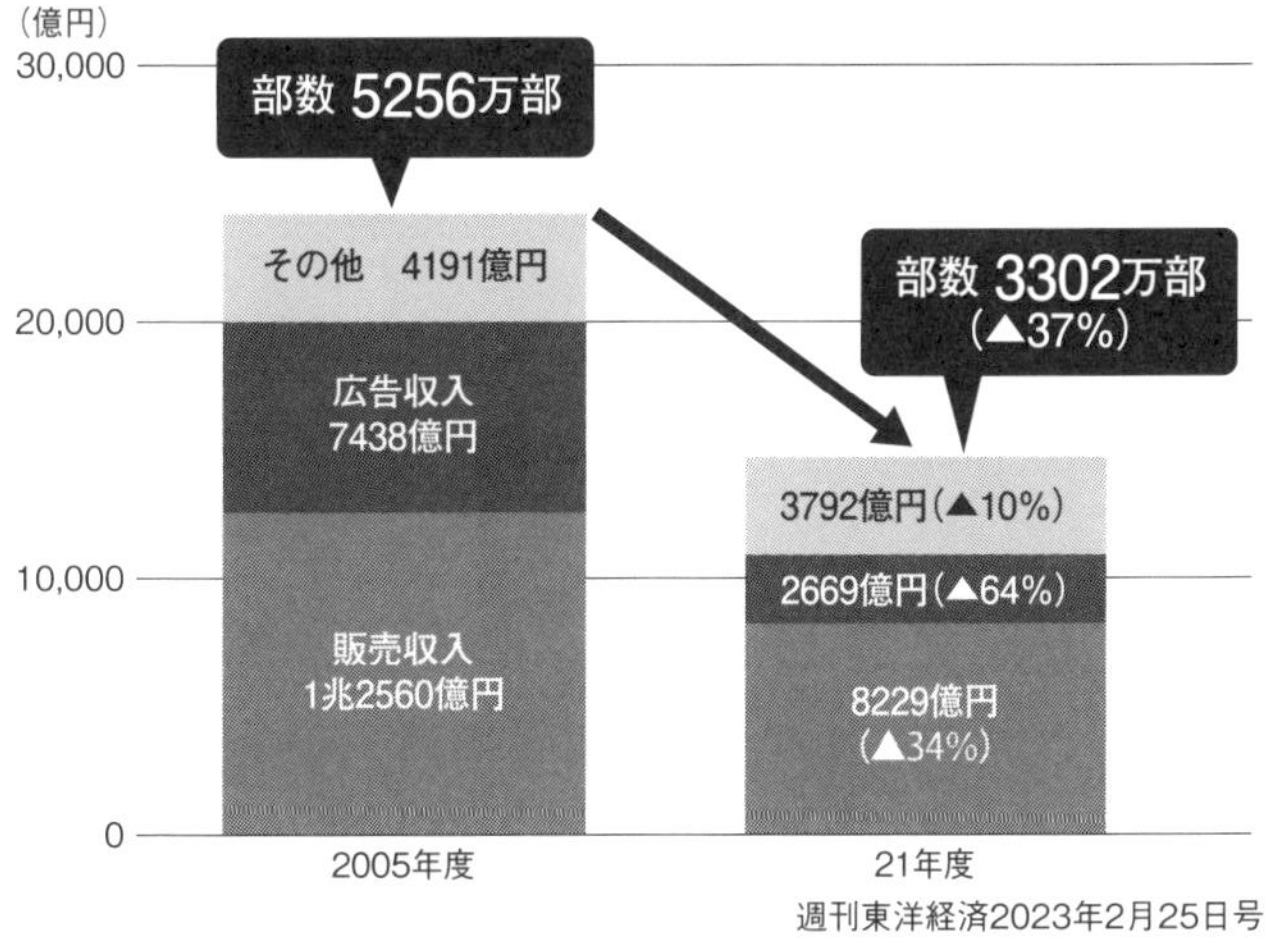

週刊東洋経済2023年2月25日号

てもらうとわかるけど、私は読売とサンケイの悪口は一切書いてませんからね。

渡邉　経営状況がいちばん厳しいのが毎日で、次がサンケイです。サンケイがまだいいのは、ネットではサンケイがいちばん読まれて、シェアが5割もあるんですね。いまサンケイはデジタル事業部に特化しているから、逆に業界から足抜けしやすい。

井川　本紙がもともと弱小だったから、早めにデジタルに逃げちゃった。

渡邉　そうでしょうね、あと、サンケイは実は全国紙ではありません。東京と大阪だけで、九州は早めに撤退完了していますす。

井川　実はサンケイの用紙のメインサプライヤーは大王製紙だったんです。大王も大手新聞社すべてに紙を納めてはいたんですが、それぞれの新聞社はメインサプライヤーを決めていました。あの1970年代の石油ショックのときに、紙が手に入らない恐怖を経験したことから、新聞各社がメインの用紙メーカーを決めたんです。

これは、いざというときには、必ず〝供給責任〟を果たさせるためにです。公称1000万部の頃から読売は日本製紙。朝日は王子製紙、毎日も王子製紙でした。それでサンケイは大王製紙。1000万部のメイン（読売）と200万部のメイン（サンケイ）では5倍もの違いがありました。でもメインですから、サンケイさんには節目ごとに表敬訪問して、会食もしてたし、思想的にも井川家は、父高雄の代からばっちり合うものでした。
サンケイが九州から撤退したときには、ああまた紙が減るなって思いました。これじゃ、全国紙じゃなくて、大阪と東京のブロック紙に紙を納めてるだけじゃん。それが実態でした。

渡邉　それでも毎日は、九州では部数を確保してるようです。1922（大正11）年に支局を開設した北九州市で地元紙の役割を果たし、熊本・宮崎・鹿児島版を統合したからです。だけど、毎日はその他がまったくダメだもんね。

井川　私などは新聞社を訪ねたときには、社風をぱっと見ていくわけですよ。読売はナベツネ（渡邉恒雄）さん以来、みんな上を見て真似をするから強圧的なの。新聞社では珍しくね。新聞社って紙面は偉そうだけど、案外なかの人はジェントルマンなんです。朝日は本当にいいんです。とくに資材関係者はジェントルマン。

渡邉　整理部はタチが悪いけど。

井川　私は社長と資材担当しか知らないんですけどね。まあ社長は編集から上がってきますけれども、社長になる頃には丸くなるんでしょう。
毎日ははっきり言ってだらしがない。夏だったら社内でサンダル履《ば》きだったり、スニー

渡邉恒雄（1926〜）読売新聞グループ本社代表取締役主筆。メディアにおいて「球界の独裁者」「独裁者」「メディア界のドン」「政界フィクサー」とも呼ばれる。

カーの踵《かかと》を潰して履いててね。デスク自らがそんな感じでやってるわけですよ。

渡邉　だって給料が読売、朝日の半分以下だからね。政治家の献金パーティに出て喫煙所に行くと、私の顔をわかってる毎日の番記者がいるわけですよ。この間も彼からこう聞かれたんです。「うちの会社、大丈夫ですかね？　あと何年もつんでしょうか」。それで私は「いやあ1年、2年は大丈夫だろう（笑）。でも、記者って仕事はなくなんないからね。新聞社はなくなっても」。ついでに早めに転職したほうがいいよって言おうかと思ったけど、言葉を飲み込みました。

父・井川高雄の痛恨の判断ミス

渡邉　井川さんが書かれた本のなかで、お父様の判断ミスについて悔やんでおられました。

井川　ええ、2011年に私が社長から会長になる際、後継社長候補が2人いて、私と父の意見が分かれました。専務だった例の佐光正義と木原道郎氏。私は木原氏を推し、父は迷った挙げ句、佐光を推した。結局、それが致命的なミスとなってしまいました。

父は長年ずっと絶対権力者でしたから、勘違いしたんです。だから父が事件の件で最後まで私に文句を言わなかったのは、自分の判断ミスだと自覚していたからだと思います。父はものすごく男らしい男で、泣き事を一切言わないタイプでした。

最初に事件が発覚したときに、父は私に「会社を辞めろ」と命じた。普通に考えて、あんな問題を起こしたわけだから当然でしょう。

そのときに、ずっと経緯を見てきた私の親友で経済評論家の佐藤尊徳から、「モッタカ(意高)さん、とにかく絶対に辞めちゃダメだよ」と何度も念を押された。けれども、私は「まあ仕方がない」って大王製紙から離れた。

父は大王製紙の最高顧問だったけれど、やがて佐光社長により排除されます。父は駿府にいる徳川家康のような院政を敷けるつもりでいた。それは父の言うことを聞く息子の私が社長、もしくはその後に代表取締役会長をやっていたからであって、その私がいなくなった。残った役員から見たら、父はただの役員会が委嘱している顧問に過ぎないわけです。

父は佐光を社長に引き上げたのを自分の判断ミスだったと口にはしなかった。でも、父は一度もお前のせいでワシはあの会社を失ったとは言わなかったですね。

大王製紙株売却は総額５４０億円

井川　株は51%を持ってないと基本的に意味がない。さっき話した豊田家、鈴木家にしたって、株をほとんど持ってないにしても会社をうまく経営してるから、みんなついてきてくれている。しかし、いったん問題が起きれば、みんな逃げるに決まってますよ。平常時だから無難なほうに付いていて、ひとたび問題が起きたら、より無難なほうに付きます。

渡邉　それが佐光氏の側だったわけですね。あのときに、もし抵抗したら戦えたのかなと一瞬、頭をかすめたんですか。20%を井川家で持ってるんだったら。

井川　やっぱり抵抗する〝大義名分〟が難しいですよね。それこそ、関係会社自身は自分の会社だからっていう話になるけど、上場会社の社長が金を関係会社から借りてバクチをやっていた。これは基本的に知らん顔してやっていけるっていう話じゃない。

渡邉　例えば、弟さんが社長になるっていう選択肢もあったわけですか。

井川　弟はそんなタイプじゃないですよ。彼は自分でもわかってますけどね。事務処理能力は高いです。向いていなくても社長をやれると思う奴もいるかもしれないけど、うちの弟は自分が社長業に向いていないことがわかってる程度には頭の良い人間ですから。

渡邉 それは聡明です。大王製紙株の売却も、井川さんが役員として残ってなかったから、高く売れたんですよね。まあ、これでよかったんじゃないですか。だけど、寂しい部分もあるでしょう。家業を失ったという意味では。

井川 うーん、ゼロとは言わないけど、さっきも説明したけれど、そもそもイグジットを考えてたような話なんでね。

渡邉 ちなみに大王製紙株の売却額は総額でどれくらいになったんでしたっけ？

井川 全部で540億円です。

渡邉 分配はどうされたんですか？

井川 それぞれの会社に対してもともと持ってた株式の比率、持ち分で分配です。父と私と弟と、ちょこっと母が持ってたファミリー企業っていう感じです。税金はちゃんと20％払ってますけどね。

渡邉 20％で済んだわけですね。

井川 ええ。大半が非上場株なんで、80億円分の大王製紙については10％ですけど、残りは非上場株なんで20％。国税15％、住民税５％ですね。

渡邉　なぜか非上場株は20％納税になる。非上場の配当も同じ税率です。全額納税したのですか。

井川　はい、ちゃんと税金を納めてます。たまに、Ｔｗｉｔｔｅｒで突っかかってくる馬鹿な奴らに対して「オレくらい税金収めてから文句を垂れろ」と言ってますけどね（笑）。

渡邉　じゃあ一族で１００億円近い税金を納めたってことですね。

井川　さらに父が亡くなったので、相続税も上乗せして払ってますよ。

日本は本当に不公平な国

渡邉　世の中にはどうやって税金を払わないでいこうかと考える経営者と、税金を払って税務署が来ないほうがいいと考える経営者とがいます。

井川　祖父も明治の人だったし、それを受け継いだ父は昭和12年生まれだったですけど、一切利殖をしなかった人間なんです。だから資産は自分が住んでる家と、あとは母が親父からの給与所得が貯まると、マンションを３、４戸買ってましたかね。残りは全部関係会社の株式でした。

関係会社も利益は溜まってたけれども、配当はしないんです。大王製紙からの仕事をして利益が出てるんで、大王製紙が配当するならともかく、その関係会社っていうか、我々ファミリー企業で配当なんてもってのほかと父は考えていたからです。全部で70社近くあって、利益を出す会社が30、40社あったけれど、父は各社から役員報酬を毎月10万円ずつしか取ってなかった。一部大きなところからは20万円だったかな。父はそうした会社の会長、私も社長を務めてました。

正直に言って、大王製紙の社長になってからの給与は3000万円で、関係会社からの役員手当を全部合わせても1億円には届かなかったです。というか、逆に言うと届出が面倒臭いから1億円にならないように調整してたんです。大王製紙からの配当所得も若干あったけど、私は100万株しか持ってなかったから、微々たるものでした。

渡邉 大王製紙として、どこかの会社の株を買うとか、投資することはなかったんでしょうか？

井川 メーカーでそういう利殖をしてる会社ってほとんどないと思います。そもそもそれをやれる専門家がいないですから。メーカーってそんなもんですよ。

渡邉　本来の投資である設備投資や効率化投資の規模がデカすぎるからね。

井川　自己資本比率十数パーセントで経営しているときに、他の分野に投資する余裕はないですね。さっきの父の話に戻すと、個人的にも一切節税とか利殖はしてなかった。だから、丸々税金を取られましたよ。逆に、税務署から還付をもらったぐらいですから（笑）。一切節税らしい節税ができてなかったんです。

渡邉　さっき経営者で節税を中心に考える人と、税金を払って税務署が来ないほうがいいと考える人がいるって言ったけど、結果は一緒。余計な頭を使うぐらいだったら、真面目に100％申告して税務署が来ないほうがいいよね。

でも、経営者のなかには財テクだとか利殖のことばっかり考えている人もいるじゃないですか。

井川　だから、本業がおかしくなっちゃう。私、刑務所から出てきて驚いたんです。年収が1億円近くあったときでも、分類で言うと給与所得者ですから、控除って基礎控除しかないわけですよ。一応、取引先を訪ねるのにはるやま（はるやま商事＝東京五輪のオフィシャルパートナーシップ企業だった、7416）のスーツってわけにいかないんで、自分の贅沢《ぜいたく》とはいえイタリアブランドのアルマーニのスーツとか着たりするんですが、一切経費として落ちません。それがいま、私は個人事業主になって、もう経費が落ち放題なんで日本って本当に不公平な国だなって心底思ってます。

渡邉 問題はこのコロナ禍で、海外に行けないんですよ。取材費で落とすぐらいしか我々の手段はなくてね。だいたい物書きって原価は基本的にタダじゃないですか。なかなか認められる経費がないんですよ。

井川 先般、一緒に飲んでた若い経営者なんだけれども、「先輩、今日は僕が払いますから」とか言ってくれた。ありがたいけど彼は領収書を見て、「飲食代じゃダメだから、料理研究費に書き直して」と言ってました。「なにそれ?」と聞いたら、こう返してきた。「飲食費だと交際費になっちゃうけど、料理研究費は必要経費として認められるんです」。じゃあ、お前、飲み屋に行ったやつはどうするんだと聞くと、「それは施設利用料にして、そこで講演会をやったことにするんです」。

渡邉 せこいなあ。

第5章

日本は業界2社、3社体制で生き残れるか

大きい政府が必要とされる戦時経済

渡邉　間違いなく、いまの日本は歴史的な転換点に立っています。世界の一体化を進める思想、経済活動である、いわゆるグローバリズムが始まったのが1989年の冷戦終結後からで、ひとつの世界になりました。東西の壁がなくなりひとつの世界になったわけだけれど、これが機能する条件とはひとつのルールで動くことです。

中国、ロシアがそのルールを守らない限り、グローバリズムは成立しません。そんななかで、「戦時経済」になってくると、大きい政府が必要とされるのは〝必然〟なんです。例えば電気の問題ひとつをとっても、電力会社、地方電力会社は、民間→公営→民間に戻っている。第2次世界大戦のときには、東京都や大阪府が電力会社の株式を持ってましたし、現在も大株主です。

井川さんの専門だった紙も同じで、買い負けしちゃったらダメなわけです。エネルギーしかり、資源はすべてそうです。そうなってくると、中小の事業者は間違いなく買い負けしてしまう。

逆に中国がなぜ強いかというと、国有企業でイレギュラーな形なんだけれど、国からいくらでも資金が調達できて規模拡大が可能なんです。そんなところと民間の自己資本でやってるところが競争しても勝てっこない。ということをつらつら考えると、これからは大きい政府が求められるはずです。井川さんはどう捉えられますか?

井川　私は生理的に大きな政府が嫌いなんですが、でも論理の帰結として、やっぱり渡邉さんのおっしゃるように大きな政府にならざるを得ないでしょう。昔のような小さな政府である夜警国家に戻れるわけがありませんしね。戦時経済イコール大きな政府で、日本だってかつてそうだったわけですし。

渡邉　好き嫌いで答えを出せない状況があります。

井川　もちろんです。だから残念なことながら、大きな政府に向かって行かざるを得ない。日本はいま、そうした大きな政府を〝担保〟するだけの国力があるのか。そこの問題にも行き着きます。大きな政府が今後の世界情勢のなかで、その国が生き延びるために必要なことだとしても。いま渡邉さんがおっしゃった戦時経済っていう言葉で、私もはっと気付かされました。世界中が戦時経済に反転するとしたら、なおさら日本の将来が不安になってしまいます。

夜警国家　自由主義の下で国家の機能を安全保障や治安維持など最小限にとどめた自由主義国家を目指すべきとする考え方（自由主義国家論）。対義語は福祉国家や警察国家など。

渡邉　過去にあったもので言えば、財閥といわゆる系列による官民一体、日の丸経済がありました。または「護送船団」とも呼ばれました。護送船団と呼ばれた時代と同じものを再構築しないと結局、日本は国家として勝ち残っていけません。

新たな護送船団のひとつの例を挙げれば、半導体企業のＲａｐｉｄｕｓ（ラピダス）です。これはトヨタ、**デンソー**（６９０２）、**ソニーグループ**（６７５８）、ＮＴＴ、**ＮＥＣ**（６７０１）、ソフトバンク、キオクシア、三菱ＵＦＪ銀行といった日本の名だたる企業が共同出資で設立したもので、将来的に２ナノレベルの半導体を生産する目標を掲げてます。

こういうスタイルで国を通して一緒にやっていかないといけません。例えば、電力の問題においても、ガス、石油、石炭などの調達を企業単位ではなく、国単位で担保していかないと、将来的に調達できなくなる可能性が高まるんじゃないでしょうか。

官民の二人三脚に長けるアメリカ

井川　統制経済的なもの、あるいは国を挙げてやりましょうとなると、やっぱり〝非効率〟になるんです。製紙会社も石炭をたくさん使うので、石炭の買い付けに私もオーストラリア、インドネシア、南アフリカまで行きました。だけど現地で話を聞いてみると、日本の電力会社が買う価格って無茶苦茶に高いんです。長期安定を買い付けのプライオリティ（最優先）にして、それが慣行みたいになっているんです。

それに対して、いまから20年ぐらい前の話ですけど、中国なんてその隙を衝いて買っていた。いや、中国企業はたいしたことないです。日本企業向け価格の10％程度のディスカウントで買っていた。

対する韓国勢は6掛けぐらいで買ってましたからね。これでは日本勢に競争力があるわけがない。その当時は韓国の国策でキロワット3円でした。日本では産業価格で買って8円とか9円とかですから、競争にならないですよ。

渡邉　韓国はスポット市場（現物市場）中心でエネルギーを買っていて、スポットプライスに合わせた値段を買い先に提示してるんです。ところが、LNG価格がここ2年で35倍になってしまい、いまのような資源インフレの状況になると、今度はスポット価格が高い大逆転が起きているわけです。

井川　なるほどね。

渡邉　ですからデメリット、メリットの面から言うと、戦時経済下においては日本の購入計画が正しかったということになるし、平時だったら、日本は何て馬鹿なことをやっているんだという評価になってしまう。

井川　結局、統制的になると、どうしても非効率が出てくる。そういう点でアメリカがうまいのは、国策部分では徹底的に国を挙げて私企業を応援したりする。けれども、その私企業の動き自身は徹底的にグリード（強欲）なぐらい市場経済に合わせていく。世界第1位の製薬会社ファイザーを見ててもそうだけど、製薬会社があそこまでの〝儲け心〟を持ってやろうとしているわけです。

逆にアメリカ政府は動画配信サイトTikTokについて、安全保障上のリスクうんぬんと言ってるけれども、動画の世界の〝覇権〟を他の国に取られるのが嫌だからやってるっていう部分が絶対にある。私はそう推測しています。そこの官民の〝二人三脚〟がアメリカは長けてます。

渡邉　基本的に石油メジャーはユダヤ資本なんです。これが完全に国と一体化して動いて、もともとが植民地からモノを安く買い叩いてくるコロニーカンパニー、植民地支配企業なんです。それをうまく利用して、アメリカは国策を国益につなげてきた。

ところが、日本はそういう植民地支配企業を持っていないんで、概念というか感覚がまったく違う。それが、戦前の日本企業にはあったけれども、戦後、牙を抜かれた日本企業が失ったものなのかなと思います。

ひとつの解決策が、日本企業同士の喧嘩をやめることです。例えば、製紙大手3社だって、同じようなものをつくっていて、お互いにどうやって安く売るかでしのぎを削ってるじゃないですか。各企業がそれぞれ決めるべき価格や生産量などを取り決めるカルテルを結んじゃいけないんだけど、だからといって小売流通の言いなりになっていていいのでしょうか。

いまの日本をダメにしているのは、デフレマインドに他ならない。経営者までがデフレマインドになっていて、「どうやって利益を出すのか」「どうやって高く売るのか」「どうやって生産性を上げるのか」ではなく、「どうやって安く納品するのか」に方向性の基準を置いているように感じるんです。だけど、これは商売として間違っているし、これがデフレを進めてきたことは確実なんです。だから、この概念を変えざるを得ないし、ここが変わったときに、適正利益が出始めるのかなと思うんですが、どうですかね?

業種業態別に適用する内容を変えていくべき独禁法

井川　おっしゃる通りなんですよ。でも、ラーメンの価格が1000円を超えたらどうのこうのって、いまだにそんな議論になるぐらいだからね。高く売って、その分、従業員に高い給料を出せばいいとは思うんです。もちろん私がいま経営者をやってたらどうかっていうと、競争相手がいるからやっぱり難しいかじ取りになっていたと思います。

競争がないと非効率になるんだけど、グローバルでどうしても競争しているんだから、日本でたいがいの業種は1社でいいと思うんです。ただし自動車はもう少しあってもいいでしょう。ドイツだってBMWとベンツとVWあたりでしょうから。でも、製紙業なんかは本当に1社でいいと思う。

独禁法（独占禁止法）などはもっと運用を柔軟にすべきでしょう。仮に、王子製紙と大王製紙が合併するようなことがあったとしたら、これは結構いい組み合わせなんだけれども、法を執行する立場の公取（公正取引委員会）として基本的に反対する気はないとは言ってはいると聞いています。

独占禁止法　市場経済において健全で公正な競争状態を維持するために独占的、協調的、あるいは競争方法として不公正な行動を防ぐことを目的とする法令の総称。

　ところが問題は、製紙もマーケットがいろいろな分野に分かれていて、印刷用紙や新聞用紙だったり、段ボールなど、それぞれの市場が王子製紙と大王製紙と合わせると一、十数品目になるんです。それぞれについて大手ユーザーにヒアリングをかけなきゃいけないって公取が指導することになる。そうすると、TOB（公開買付け）もクソもないわけですよ。それが表に出ちゃったら、株価がブワーっと上がっちゃうから、買収のしようがない。要はさまざまなところで規制が強すぎて、日本企業は競争力を失っている。

渡邉　だから、ものによると思うんですよ。製造業分野とサービス業分野は異なる運用をすべきなんです。サービス業は地域別にある程度独禁法を採用していかなきゃいけない。具体的に言うと、うちの近所にはイオンしかないんですよ。イオングループばっかり。まいばすけっとがあって、それでミニストップがあって、ダイエーがあって、ピーコックストアもイオン系になっちゃったでしょう。

　これでは競争なんかありゃしません。だからサービス業に関しては、地域別の独禁法を掛ける。製造業に関しては、業種業態別に適用する内容を変えていくべきです。

　製造業は国際社会で戦えるようにする。国内地域で、ローカルでやってるものは国際社会で戦ってるわけじゃないから、その地域に合わせた競争がきちんと働く制度をつくらないといけません。一律に製造業からサービス業まで独禁法を考えるみたいなことをやってると、日本が全滅しちゃいますから。
したがって、強すぎるサービス業、集約されすぎた流通業、このあたりは考え直す必要があるという気がします。

問屋に価値はあるのか

渡邉　紙の世界にも問屋という制度が存在すると思いますが、弊害などはあったんでしょうか？

井川　大王製紙から見ると、問屋って邪魔な制度だったんです。けれども、大王製紙は独自路線というか、自らつくったものは自ら売るということで、大王製紙の〝直系〟の代理店を展開していきました。まあ、いまは問屋はさほど問題にはならないですね。もうメーカーの製品を卸しているだけですから。

渡邉　問屋があることによって多種多様な品目を揃えられるとか、さらには中小の印刷会社などが調達するのに、直接大手のメーカーが取引してくれないんで、そういう面では、金融機能も含めて問屋制度というのは決して悪くはないんだと思います。けれども問屋自体がいまはどんどん淘汰されてる状態なので、問屋議論そのものが成立しないところまできています。ある意味、日本の流通業がシュリンクし、無駄が削がれたのかもしれません。

井川　ちょっと横道に逸れるかもしれませんが、メーカーと問屋では行動原理が違うんです。問屋は江戸時代以来、お互いに差込防止なんです。問屋業界の定例会があるのですが、実際は独禁法違反です。要するに「お前のところの馬鹿な営業マンが、ウチの縄張りを荒らしているんで、迷惑だからやめてくれ」って、そんな話ばかりなんです。なぜなら彼らは〝口銭《こうせん》〟（手数料）しか抜いてないんで、値下げして売り込んだって得はしないんです。売り上げが落ちるだけですから。

それに引き換えメーカーはいわゆる限界利益（販売した際の利益）があるんで、少々値段を下げても限界利益がある限り、理論的には、拡販したほうが収益は上がる可能性が高い。でも問屋は口銭商売で、限界利益という考え方はほとんど通用しない。

渡邉　口銭と金融ですからね、基本的に問屋は。

井川　そうなんですよね。

渡邉　ですから、決済までの期間の資金の融通をしているのが問屋。中小零細に多品目を買うときに一本化できるっていう便利業なんで、問屋そのものは決して悪い制度じゃない。やっぱり商売として残ってるものは、残っている価値があるから残ってるわけです。江戸時代から続いてきたもので、悪いものはそんなにはない。

井川　先程、大王製紙には問屋って邪魔な制度だったと言いました。なぜかと言うと、彼らから見ると、段ボール用紙と新聞用紙しかやっていなかった新参者の大王製紙が出版社に書籍や雑誌の用紙で攻め入ったりすると、迷惑なんですね。大王製紙が出版社に「出版用紙をつくることになりました」って売り込むと、「新規だから当然安くしてくれるんだよね」って言われるわけですよ。

出版物の総量が決まっているのに、大王製紙が紙を担いで行ったら、価格を値切られるに決まってる。そうすると問屋の売り上げが落ちるし、しかも口銭を率で決めてたら口銭の金額も落ちるわけです。だから、いまあるものには触らない。これが代理店にとってはいちばんいいわけなんです。

渡邉　縄張りですからね。

井川　大王製紙が直系代理店をつくって営業をかけたら、問屋側は「もう勘弁してくれ。差込を止めてくれ。その代わり、何トンまでは扱ってやるから」っていうアメとムチの世界なわけですよ。ちょっと話がローカルになっちゃいましたけど。

まあ日本も業種によるけど、基本的に1社か2社に絞り込めばいいんじゃないかと思う。それをもっと政府が主導してやる。渡邉さんのおっしゃる通り、それがいいかなという気がしますけどね。

デュアルSIM端末はモバイル淘汰の伏線

井川　先にも言及しましたが、日本の総合製紙メーカーは3社ですね。レンゴーは段ボールの単品メーカーで総合製紙メーカーではない。
王子、日本、大王の序列ですけど、日本製紙は実際には東芝以下の状態ですから、あれはそのうちに切り売りされて、いずれ野垂れ死にするんでしょう。
日本の製紙業界を集約するベストは、日本製紙の工場は王子も要らないと思うので、先刻も言ったけど、王子と大王が合併して1社になっちゃうのがいい。
渡邉　中小の製紙会社とか、家庭用紙などの専門紙メーカーはいくつもあるけど、総合製紙メーカーは3社という状態になってる。他の業種も似たような状況になってるんですよ、実は。さすがに1社のみが良いかどうかっていうのは、これはまた別の議論になるんだけれどね。

アメリカで問題になった話で、ベビー用粉ミルクの**アボット・ラボラトリーズ**社のシェアが六十数%になっていた。そこのミルクに不純物が入ってて全品回収になり、ミルクが足りなくなった。寡占化すると、そういうことが起きかねない。だからさすがに1社はどうかと思うけど、大手2社、3社体制までぐらいの間でバランスをとっていくのが良いでしょう。紙はすでにそうした体制になっちゃっているので、これ以上の効率化ができないところまできています。

井川　そうですね、マーケット自体がシュリンク（縮少）傾向ですからね。3社だと競争しちゃうんで、私は2社でいいと思うんですけどね。

渡邉　そうですか。例えば自動車業界なんかどうですか？

井川　車好きだっていうだけで、経営に関しては門外漢ですけれども、私の車好きの観点から言うと、トヨタ、マツダ、**スバル**（7270）ぐらいでいいんじゃないかなと思います。

渡邉　でも、スバルはトヨタの系列ですから。

井川　トヨタはスバルの株を20%ぐらい持っていますけど、それはそれでいいんじゃない

アボット・ラボラトリーズ　粉ミルク供給最大手のアボットは2022年2月、製造している粉ミルクで乳児が感染症を起こした疑いで製品回収し、全米で在庫不足が広がった。

かなって思います。面白い車をつくってくれるマツダとスバル、それと日本の製造業の〝基幹〟とも言えるトヨタが残ればいい。**三菱自動車**（7211）って要りますか。また、日本の自動車産業のポートフォリオのなかで、**日産**（7201）は要らないと私は思っているんですけどね。

渡邉　日産こそかつてはいちばん先鋭的な車をつくってたんだけれど、残念です。

井川　でも、それはスカイラインなどをつくっていたプリンス自動車工業ですから、もともとは。

渡邉　結局そうやって見てみると、携帯電話会社もいまはソフトバンク、ａｕ＝ＫＤＤＩ、ドコモ、そこに楽天が参入してきたけれど、さっきも論じたように楽天はもうメタメタです。４社の共存は日本国内では絶対に無理だと思う。だから、どこがどこを喰うか、っていう世界になってきている。

それでソフトバンクとａｕがデュアルＳＩＭ端末を発売するんです。２つのＳＩＭカードスロットルを内蔵していて、１台の端末で任意にネットワークを切り替えられる方式です。これはモバイルが淘汰される伏線なのかもしれません。

井川　ほほう。

渡邉　これからはどこがどこを引き取るかという話になって業界2社、3社体制が構築されていくんでしょう。大手の製造業全体が家電も含めて、そうならざるを得ないのです。

望まれる中央集権型国家への変貌

渡邉　グローバリズムが終わった根本原因は、マルサスの『人口論』に帰着するんだと思う。資源限界なんです。世界の資源量が決まっている以上、それの奪い合いが起きて、貧しい国が豊かになれば、必然的に資源の爆食が起こる。中国14億人と言われているけれども、そのうち富裕層は1億5000万人でしょう。それが生まれただけで資源がこれだけ足りなくなっちゃった。

今後はインドも発展することになるわけでしょう。インドと中国を足すと人口28億人なんですよ。彼らが日本人と同じ生活をしようと思うと、日本があと20個も要るんですよ（笑）。

だれがどう考えたって、それだけでも無理です。それ以外にアセアンやアフリカ、ブラジルなんかがあるわけだから。そうなってくると、資源の奪い合いが起きて結局、それが紛争に発展してしまう。日本が強くあるために、ここを根本的に考えないといけません。政治も一緒で、「維新の会」が地方分権を主張しているのは知っているけど、日本が明治維新でやったのは、廃藩置県で完全な中央集権ですからね（笑）。

井川　地方分権と逆方向です（笑）。

渡邉　完全に中央集権にして地方政府、いわゆる都道府県をサービス業者くらいの位置付けにしたサービサーにするぐらいまで影響力を低く持っていかないといけないでしょう。逆に言うと、これだけ少子高齢化が進んでいて過疎化が進んでいる中で、国がひとつになって、その上で県、市を一本化する。それを単なるサービス提供者に変えるぐらいのことを最終目標にしないとね。いまみたいに地方がバラバラにやってたら、無茶苦茶になっちゃう。

井川　平成の大合併のとき、当時の私は「歴史ある地名がなくなる」と思って反対だったんですけれども、あれはいまになってみたら正解だったですね。

渡邉　そうしないと、自治体が維持できない。

井川　できない。だからあの頃、管轄の国交省はちょっと先を読んでたのかなって話ですね（笑）。

廃藩置県　明治4（1871）年に明治政府がそれまでの300弱の藩を廃止して地方統治を中央管下の府と県に一元化した行政改革。

渡邉　人口が減少していき、地方が劣化していく中において、必然的に地方分権型の改革は成立しません。逆に、地方の権限は奪われていく。

例えば事業をやるときに、都道府県負担割合が半額、国が半額だったら、国の出先機関にお伺いを立てます。予算が出ることになると、積算が始まって事業ができる。これを地方が主体となってやるのか、国の出先が主体となってやるのか、これが自民党案と民主党案の違いだったんです。

井川　なるほど。ある意味、道州制に近い形だったんですか？

渡邉　道州制なんだけど、道州がいまの県の役割を果たすことになる。道州が国の出先となって、後はすべて地方自治体という名の一律のサービサー＝サービス提供業者となる。

井川　そうしたら、各市町村に首長が要らなくなるわけか。

渡邉　要る？

井川　要らない。

渡邉　だけど、これで反対するのが自民党なんですよ。なぜなら地方議員を敵に回すと、選挙で落選しちゃうから（笑）。

井川　それに関して補足させていただくと、私も経営者時代に四国の田舎町でさまざまな経験をしました。地方は地方で、現場での細かな利害調整があるわけです。簡単なことを言うと、「道路の予算がある。どこに道路を通すか」っていうと、国ではわからないわけです。地元の有力者が「自分の家の前を良くしたい」とか言うのも含めて、市民の動線だとか、車の交通量とかは現場じゃないとわかんない。いろんな細かな事情があるんで、そのバランスをうまく取らないといけません。

渡邉 そういう面で言うと、市町村はサービサーであり、サービスセンターになればいいわけです。

井川 要望を聞いて調整する役割。

渡邉 そう。これは明治維新で求めていた中央集権のモデルなので、それをしないと人口減少の中で地方は行政単位すら維持できなくなる。

井川 そうですね、もう限界集落になってきてますからね。

国策として維持するべき円安

渡邉 テーマを日本企業に転じると、やはりオンリーワンの特化した技術、サービスを持

限界集落　人口の50%以上が65歳以上で、農業用水や森林、道路の維持管理、冠婚葬祭などの共同生活を維持することが限界に近づきつつある集落のこと。

てない企業は淘汰される。この企業でしかつくれないとなれば、値段が高くても買わざるを得ないんだから。

井川　日本人の国民性は変えようがないんで、イノベーティブじゃないところはどうしようもないです。アメリカ人になれと言ったって無理なんです。文化的背景もあります。いろんな連中がやってるミクスチャー（混合を意味する音楽ジャンルのこと）の中からイノベーションが出てくるわけだから。

そうすると日本人の得意なものは、入ってきたものをネチネチと〝磨き上げる〟ところです。ですから、製造業の得意な分野に戻ったほうが正解でしょう。

私が最初に言いたいのは円安なんです。やっぱり1ドル180円から200円ぐらいの円安を国策として維持するべきです。まあ、アメリカの顔色もうかがわなきゃいけないんだけどね。

そこはもう対中国で日本が強くなきゃ話になりませんから、その代わりに防衛費をじゃんじゃん使ってアメリカから兵器を調達するから円安は大目に見てくださいってやるしかないでしょう。

景気がしんどかったら、消費税を下げろっていうのが私の持論なんです。5年ぐらい消費税を半額にして何が困りますか。年間5兆円ですよ。それを国債を追加発行してなんぼのものですかって話で、利払い費にもならんやろう。

私は円安誘導と、そのなかでの製造業の国内回帰です。これは日本資本だけじゃなくたっていい、外国資本だって構わない。そのほうが日本に雇用も生み出すし、付加価値の部分だけ日本に落としていくことになりますから。これが私の持論なんです。

渡邉 例えば、超高純度フッ化水素のトウェルブナイン（99・9999999999）、これは日本メーカーしかつくれません。他にも紙の分野においても、ネジの分野においても、最高級品質で精度を求められるものってほぼ日本製なんです。

これを日本企業同士が馬鹿みたいにディスカウント競争をやってるわけです。だから、まずこれをやめましょうと。不毛じゃないですか。例えば、100円で売る必要がないものを1000円で売っているんですよ。仮に1000円だって、相手からすりゃ価値があれば買うわけだから。ユダヤ商法を少し学びましょうと（笑）。

井川 それを学んだのが世界第3位、日本最大手の鉄鋼メーカーである**日本製鉄**（5401）じゃないですか。トヨタとの価格交渉で粘って、トヨタを相手に利益を出すレベルになったわけです。

渡邉　自社でつくり上げたオンリーワンの製品が高く売れてる例を挙げると、高級トイレットペーパーで有名な、四国の望月製紙という会社があります。そこのトイレロール、1個で1000円です。売れてないかと思ったら、それなりに売れてる（笑）。利益率が全然違うし、従業員が少ないので、それで飯が食えますよね。

視点を変えれば、まだまだ稼げる分野っていくらでもあるわけです。だから、大量生産して安く売ろうという考え方の根本を少しひねってみると、別のものが見えてくるのかな。

その昔、麻生太郎（自民党副総裁）さんがこんなことを語っていたんです。「どうしたら日本が税収を増やして、日本の企業の競争力を上げられるかわかるか。輸出関税を上げればいいんだよ。輸入関税は上げるとWTO（世界貿易機関）に引っ掛かる。だから、日本から出すときに関税をかけりゃいいんだ」って。

井川　（笑）なるほど。面白いですね。

渡邉　そうでしょう。そうすると外国は批判できない。ところが、日本で製造するものは関税が掛からないから安い。日本でしかつくれないものを海外は欲しがる。例えば、さっき示した携帯電話の特殊ネジ。いちばん精密なネジって、ほぼ100%日本製なんです。東大阪あたりの小さい町工場でつくってるわけです（笑）。あれを1個何銭とかで売って

望月製紙　昭和初期に手すき和紙から始まった高知県土佐市にある製紙会社。大人気の高級トイレットペーパー羽美翔（1000円）の売り上げが25万ロールを突破した。

いる。あれに300％の関税をかけたって、売れるわけですよ。必要ですからね。だから、関税をかけて税金を取りゃいいじゃないかって話です（笑）。

ドラッグストアから鬼っ子扱いされるトイレ紙と清涼飲料水

井川　個別に見たら、その分値下げをしろって、相手から言われるんでしょうね。でも、面白い発想だと思います。私がいた製紙業界は基本的に輸出業じゃなくて輸入してるんで、あまり影響を受けない（笑）。

渡邉　輸出のほうは考えたことはないんですか？

井川　いや、あれは紙を海に捨てに行っているようなもんです。抄紙機を止めるよりはマシというレベルの話です。だって、ただでさえ資源のない国が海外から高い原料を買ってきて製品をつくって、それを海外の安い市場に持っていくなんてあり得ない。紙ってかさばる大きなバルキーだから、持ち運びにとんでもないコストがかかるんです。

渡邉　トヨタがいまだにアメリカで車をつくっている。けれども、スマホみたいな小さいものはほとんど中国に移っています。これには輸送コストの問題があって、白物家電は、消費地に近いところで生産したほうがコスト安になる場合が多いんです。

井川　冷蔵庫のなかは空っぽじゃないですか。空気を運んでるようなもんです。

渡邉　でもなかに不法移民は入っていません（笑）。

井川　ティッシュペーパーやトイレットペーパーだって、空気を運ぶようなものです。トイレットペーパーはまさに空気です。真ん中の芯は空気だし、ロールとロールの間は空気だしね。だから、あれは10トントラックに5トン分しか載らない。

渡邉　それでコストは一緒ですからね。

井川　だから問屋とか量販店のデポ（保管所）、物流拠点で嫌われるのが、軽い紙と重たい清涼飲料水なんです。

渡邉　決算前になると、ドラッグストアから紙製品の品目が減ったりしますよ。棚卸しの都合があったりでね。戻ってきた古い在庫と新しい在庫を入れ替えなきゃいけないんだけど、そのときに倉庫で場所を取るものが減らされる。それがトイレットペーパーなどの紙類。

井川　屋根付きの10トントレーラーに積んだときに、紙の場合には満載、容積効率でいっぱいに詰めても5トンしか運べません。でも、トラック自体は10トン車輌で、運転手もいて、ガソリン代も必要です。一方、清涼飲料水のほうは重たいから、10トントラックに10トン積んだら、荷台のスペースはスカスカに空いちゃうわけです。

渡邉　例えば薬だったら、5個入りのティッシュペーパーのスペースに何万円分も入るってことですもんね。

井川　そうそう。

渡邉　それに対して、トイレットペーパーは1パック400円くらいでしょう。それは倉庫代のコストから考えたら、嫌われて当然です。

井川　常にこの2つは〝鬼っ子扱い〟ですよ。代理店もいつも苦労しています。量販店とのやりとりのなかで、デポのコストと場所を取るでしょう。逆に清涼飲料水のほうは、現場の人は重いから嫌だって言います。

コロナ初期にトイレ紙不足になった理由

渡邉　コロナ初期に問題になったけど、トイレットペーパー不足だったでしょう。あれは合理的に考えたら成立しないことじゃないですか。

井川　そうなんです。

渡邉　合理的に考えたら成立しません。なぜなら、問屋さんが在庫を倉庫に持っていたくない商品だからです。場所を取るからね。トイレットペーパーは毎日生産されて毎日流通して動くのです。ですから、モノ＝現物がなくなるようなものじゃない。

危険なのは、例えば薬で60％が中国の原薬のような代物。輸送にも時間がかかるし、原薬から生産までの間の流通が止まると、全部が止まってしまう。そういうものは逆に危険なんだけど、そういう認識はみんなあまり持っていない。

井川　ロジカルに考えるのって日本人は苦手ですから。1973年の石油ショックのときもそうで、当時の大昭和製紙社長（現・日本製紙）齊藤了英さんが国会の参考人招致までされました。当時もいまもメーカー在庫と流通在庫を合わせて大体1ヵ月分なんです。渡邉さんのおっしゃる通りで、それぞれ2週間分。両方合わせて約1ヵ月分。いまはロールが1・5倍巻になってるんで、8ロール1パックのものがよく店頭に並んでいるサイズです。あれで大体1世帯1ヵ月分なんです。

だから、普段は月に1回、「そろそろトイレットペーパーがなくなりそうだな」と思って、近所のスーパーに買い物に行くでしょう。でも、そのときにはトイレットペーパーだけを

齊藤了英（1916〜1996）大昭和製紙名誉会長。「東海の暴れん坊」の異名をとった。1993年贈賄容疑で逮捕され、東京地方裁判所から執行猶予付きの有罪判決を受けた。

買いに行くわけではありません。片手にはネギだとかこんにゃくとか入ったレジ袋を持って、もう片方にトイレットペーパー1パックを持ってるのが通常スタイルです。

それが、「なんかトイレットペーパーがなくなるらしい」って聞いて、両手にトイレットペーパー（2パック）を持って帰る人が急増した。つまり2ヵ月分、普段の1ヵ月プラス在庫分まで持ち帰ったことから、倉庫が空になってしまったというわけです。

渡邉 今回の品不足は単純な理屈なんですけどね。だから合理的に考えないといけません。なくなるんじゃないかという心配だけで、ああいうことが起きてしまった。でも、マスクの場合は本当になかったんですけどね。

不織布はもともとは日本の専売特許で、ニッポン高度紙工業だとかが高知あたりでつくっていたのが、いまは汎用品の生産拠点のほとんどが中国はじめ海外に移ってしまった。

井川 そうですね。マスクは特殊な紙の製造から出発して、その一部として始めたところが多かったですよ。

渡邉 技術的には和紙の技術によく似ているんで、もともと和紙屋だったところがやってたんです。不織布の汎用品メーカーが海外に逃げちゃってるんだけど、生活必需品の部分の汎用品は国内に戻さなきゃいけない。そんな動きがアメリカでも出始めていて、薬の原材料や生活紙などの生産拠点を戻そうとしている。

日本は島国じゃないですか。パルプが入ってこなくなったら、紙の生産が止まっちゃうわけです。海外からティッシュペーパーの輸入なんかできないですから、どうするの。国内で安定調達ができる環境をきちんと維持できるようにしておかないと、いざというときに立ち往生してしまう。

というのは、米中新冷戦のなかアメリカ議会でも、中国に依存しているものを極力リストアップしていて、それらはできるだけ国内または同じ経済圏内、だからアセアンの国々から調達できる環境づくりを国策として進めているんです。だから、日本もそれをやらないといけません。

井川 サプライチェーンから中国を外さなきゃダメですよ。

渡邉 日本は中国からの衣類を含む汎用品の輸入に際立って依存してるので、その対策を考えなくてはいけません。

創業者のメンタル

井川　このところトヨタはじめ、日本を代表する会社のトップが交代して、話題になってます。

渡邉　トヨタの場合、トヨタの中国事業部の立ち上げを事実上担ったのが豊田章男氏だったんで、社長から退いたってことは、トヨタは中国から撤退するつもりなんじゃないですか？（笑）

井川　まあ、会長になった気持ちはわかりますよ。これはひとつには章男社長も創業家だけど創業者じゃないんで、これまで一生懸命仕事をしたから、そろそろゆっくりしたいのではないかと想像できます。権力は握ったまま後は番頭に任せて、っていう気持ちではないでしょうか。これからはやりたいことをしよう、という感じです。

渡邉　会長になっておけば、今後、中国がうまくいかなくなっても自分のせいじゃないと言い張れるしね。米中が怪しくなっているんで、逃げるんならいまです。

井川　豊田章男氏はプリウスやレクサスの大規模リコール問題で、アメリカで散々苛めら

大規模リコール問題　2009年から2010年にかけてトヨタにより北米や日本などで行われた大規模なリコール（約1000万台）。豊田氏が2010年2月にアメリカの公聴会に出席。

れました。あんまり中国に接近すると、そのうちまたアメリカ議会に呼び出されるんじゃないか（笑）。それで社長を譲っとけって考えたのかもしれません。

渡邉　いまのうちに逃げたほうがいいです。次にソニーですが、ここは製造業というより、完全に金融企業に変わっちゃいました。新社長の十時裕樹氏はソニー銀行の立ち上げを行った人物です。だから、いまソニーでつくっているものってイメージ的にはプレイステーション、テレビのブラビア、スマホくらいでしょうか。

井川　日本電産は社長がコロコロ代わって話題になってますが、結局、いまは創業時からの生え抜きの小部博志氏が社長です。永守さんについて私はずっと、こんなタイプの創業者はこれまで散々見てきた。こういう人は亡くなるまで会社を辞めないから、彼が亡くなるまで日本電産はどうしようもないってことです。

渡邉　永守さん、民主党政権の立ち上げのときに応援したんですよね。

井川　ああ、そうなんですか。

渡邉　それで、永守さんは奥さんから、「民主党なんか支持したらあとで大変なことになるわよ」と叱られたと聞いています。

井川　私は日本電産の技術にも疑問符を付けているんですよ。今後eアクスルの時代にな

eアクスル　モーターを主動力とする電気自動車が必要な主要部品を1つにまとめ、パッケージ化したもの。主にギア、モーター、インバーターといった部品から構成される。

ってきたときに結局、モーターの部分なんていうのは、たかがモーターですからね。トヨタをはじめとするその他の会社が自社で賄う垂直統合を始めたら、日本電産はモーターを売るところがなくなります。日本電産は数年前がピークだったんだと思ってます。

渡邉　あとはソフトバンクグループの孫正義氏。彼はいま70歳になったら退任すると言ってます。

井川　この人ね、前は65歳で辞めるって言ってたね。

渡邉　その前はたしか60歳で辞めるって言ってました。

井川　エピソードを言うと、私が刑務所に行く前に、**サイバーエージェント**（4751）の藤田晋君と、麻生元総理の甥の麻生巌君が送別会をしてくれた席で、ちょうど話題になったんです。**ユニクロ**（9983）の柳井正さんと孫さんが「60歳だか65歳になったら辞める」と宣言してるけど、どうだろうかっていう会話です。

「いやいや、絶対に辞めないよ」と私は言った。実際に、大王製紙の創業者の自分の祖父（井川伊勢吉）や親父（井川高雄）を見ててもそうだったからです。私が高校生、親父が45歳ぐらいのときに、祖父が「80歳、90歳は鼻たれ小僧」って言うので、親父は「バカじゃないか。そんなもん、300歳まで生きられるならともかく、ワシは60歳になったらさっ

垂直統合　商品・サービス供給に必要な工程の範囲を広げること。企業がバリューチェーンに沿って、付加価値の源泉となる工程を取り込むことを指す。

さと仕事なんか辞めるんだ」と宣言した。でも、ずっと辞めなかった（笑）。その頃の話をすると、親父はものすごく嫌な顔をしてました。

藤田君がそのときに、「いや井川さんの言う通りで、ましてやメーカーだったらともかく、ITの世界なんて2年、3年でいろんなコンセプトが変わってくるのに、そのまま社長はできない」って言って同意していた。

それから3年2ヵ月経って娑婆《しゃば》に戻ってきたとき、私は藤田君に「ほら、言った通りでしょう。孫さんも柳井さんも後継者を外していってるし、息子を会社に入れないって言ってたのに息子を入れているし」と言った。すると藤田君も言うことが変わっていました。「まあ、でもやはり創業者としては……」3年間であんたもずいぶん変わったな、って大笑いしました（笑）。「あんたも80歳までやる気か！」とか言って笑ったんだけど、いや、創業者は絶対辞めないんですよ。

渡邉　だから、創業者たりえたっていうところもあるんでしょうね。

井川　そうです。だから結局、しょうがないです。

渡邉　子どもと一緒なんですよ。

井川　そう、会社は自分の作品なんです。創業者の心理ってどうなってくるかわかりますか？　業績が悪くなると、「あっ、だからワシが頑張らないかん」と頑張ってしまう。永守さんにしたって、孫さんにしたって同じ行動様式ですよ。

渡邉　任せた相手が駄目だと判断したら復帰しちゃう（笑）。

井川　仮に任せて順調だったときは、ぐっと我慢しているけれども、ちょっと悪くなってくると、「だから、ワシが直接やらなあかん、戻るぞ」っていうのが彼らのメンタルなんです。

渡邉　スズキ自動車の鈴木修さんもそうですよね。

井川　鈴木さんは2年前に会長を退任、相談役に就かれた。たしか91歳。それでもまあ、よくお辞めになられたなと思う。

たいしたもんですよ。人によって違いはありますよ。65歳で引いたほうがいい人もいれば、80歳でもまだまだという人もいますね。鈴木さんは死ぬまでトップを辞めないと思ってたけど、辞めたからなあ。

有望な醸造業発バイオテクノロジー企業

渡邉　私はいまの日本で注目すべきは「見えない会社」だと思っています。例えばヤマサ醤油は、新型コロナウイルスワクチン「メッセンジャーRNAワクチン」に欠かせない重要な原料である「シュードウリジン」を製造し、ファイザーとモデルナに供給しています。

味の素（2802）の子会社、味の素ファインテクノは層間絶縁材料「味の素ビルドアップフィルム（ABF）」を製造、世界から熱い視線を浴びているんです。ABFとはコンピュータのMPUとマザーボードとを繋ぐシグナルを発する半導体基板に使われる絶縁材のことです。おそらくこれが調達できなくなると、電子機器の高性能化に支障が出ると言われています。

また**タカラバイオ**（4974）は、バイオテクノロジーを利用した遺伝子治療のパイオニアだし、新型コロナウイルス抗原検査キットなども開発してます。

これらの会社はみな昔から醸造業で生き延びて、いまはバイオテクノロジーで飛躍しているんですね。

井川　さっきも言ったけど、日本企業ってネチネチと良いものをつくるのが得意ですから、積み上げ型なんです。要するに日本は〝ステージ〟を変えるのは苦手なので、積み上げ型で磨いていくのが、日本の、日本人の特質だと思うんです、

そうすると、ＢｔｏＢの先に挙げられた超精密部品とかが向いてるんじゃないですか。

渡邉　台湾に最新鋭の幹細胞のバイオシステムのメーカーがあります。ここは10人ほどでやっているベンチャー企業なんです。アメリカの特許と国際特許を３００以上も取っている。まったく人が触れずに幹細胞が15日後にでき上がってくる

国内のバイオ産業の市場規模と内訳

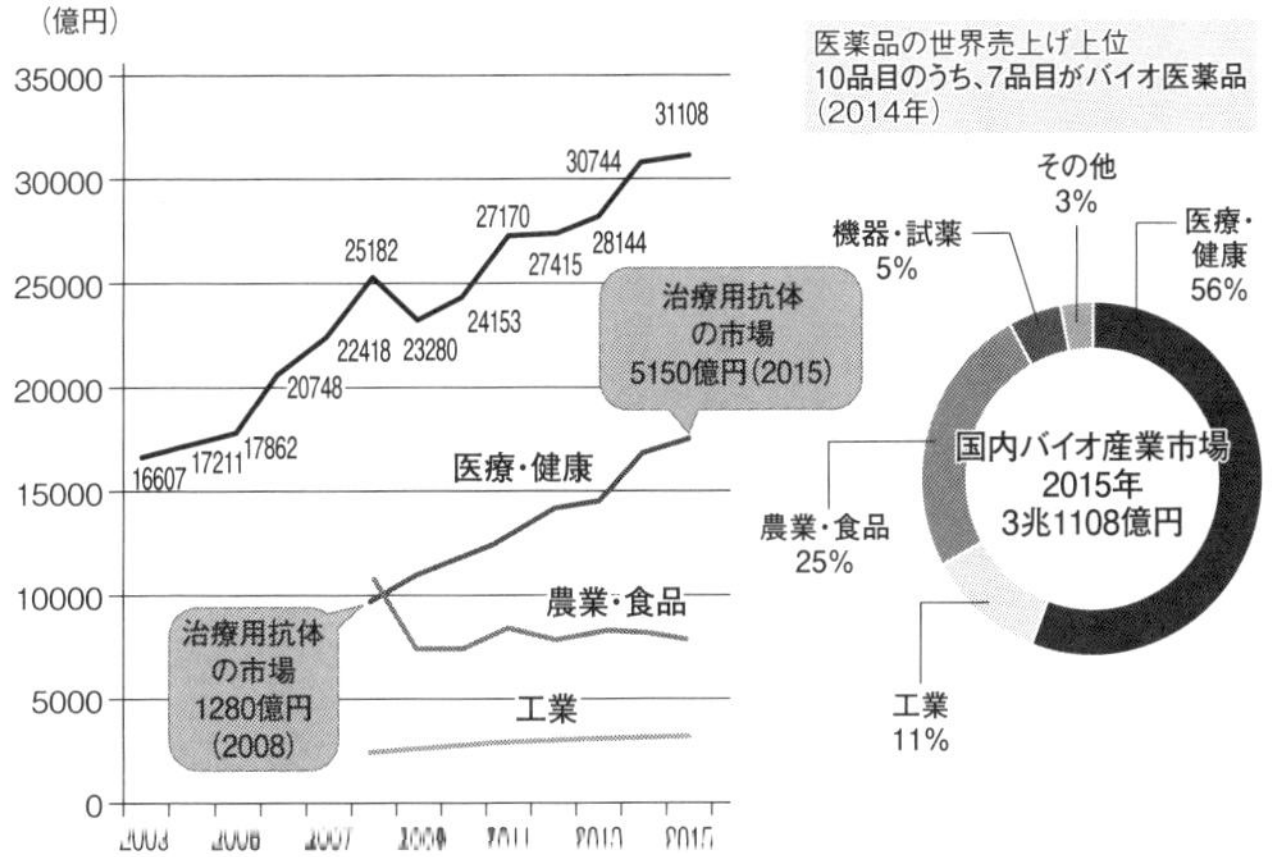

遺伝子組換え、医薬品、関連機器などのバイオ分野の中でもハイテク関連の市場規模

出典：日経バイオ年鑑

システムを編み上げた。

この過程は全部ボックスーボックスになってるんだけれど、人間が一切入らないのです。なかに入っているロボットアームは日立製、噴出器は**エプソン**（6724）製、ベルトコンベアは三菱製。日本企業の部品で全部組み上がっているんです。冷蔵機器は**ホシザキ**（6465）製ですね。

これは日本企業が真似したくてもできないのです。なぜかというと、日立が真似しようとしたけれど、この分野を持っていないとか、この分野は苦手であったりで、自社で完結させようとしても組み上がらない。

台湾企業は逆に、世界でいちばん良いものを組み上げていく能力が高い。TSMCもそうなんですよ。機械の60%は日本製で、材料も日本製だけれど、日本メーカーではつくれない。TSMCは組み上げの能力に際立って長けているのです。

私はこうしたイノベーション能力の高い外国企業をうまく使って、シナジー効果を生み出していくのが、これからの日

本企業のひとつの生き方なのかもしれないと考えています。

本来は日本企業でこれができればいいんだけれど、系列とかさまざまなしきたりというか、しがらみが邪魔してできないわけです。

ソフトウェア分野が圧倒的に下手な日本企業

渡邉　ちなみに台湾の国立バイオセンターはビル一棟を国が支援して、入居している企業は小さなベンチャー企業ばかりなのです。ベンチャーに非常に安い賃料で、クリーンルームのある施設を提供しています。

そのなかに先に紹介した幹細胞のバイオシステムのメーカーのクリーンルームがあります。人がまったく入らないクリーンな空間のなかの機器は日本製で、外装も日本メーカーが手掛けているのだけれど、組み上げが台湾なのです。これで1日3000検体、人が一切触らずにP

CR検査ができるわけ。バーコード付きの試験管に検体を入れて、試薬検体をセットしてぶち込むと、自動的に検査を行って、PCR検査の結果を携帯電話でバーコードに合わせて配信する仕組みになってるのです。

すでに国際空港に現物が入っているらしい。こういうのが全然日本企業ではできない。日本企業にはこうした発想もない。おそらく、ソフトウェアづくりが圧倒的に下手なんです。

井川 そうですね。

渡邉 日本はハードウェアが得意なんです。だから、アプリの設計が無茶苦茶下手じゃないですか。LINEだって、あれは日本製って言ってるけど、もともとコアソフトは韓国製でしょう。他のアプリも、例えばドコモが提供したIP接続サービスiモードも最初は革新的だったけれども、それをしのぐ新規格が出てきたときに、独自規格にこだわって、アンドロイドとかiPhoneに後塵《こうじん》を拝してしまった。発想そのものは良かったかもしれないけれど、ソフトウェアがものすごく下手だった。

井川 私がいた製紙業も製造業のオールドなほうで、技術革新なんてほとんどない業界だったけれども、見ててわかるんです。日本のメーカーは実はゼロから何かを構想してつくることが苦手で、ほとんどが〝模倣《もほう》〟なんです。だから我々も製紙機械を導入するときには、結局、海外のものを見に行くんです。そこで「ああ、もうちょっとこれを工夫すれば良くなるんじゃないか」と考える。ちょこちょこいじるのは日本人って得意なんです。たぶんソフトもそうなんでしょう。

渡邉 製紙機械メーカーの大手っていうのはどのあたりなんですかね。

井川 フォイトっていうドイツの機械メーカー、後はバルメット、これはフィンランドのメーカーです。パルプのほうはカミヤというスウェーデンの会社です。**三菱重工業**（7011）もつくっていたんですよ。アメリカのベロイトという会社から技術供与を受けて、その後自分たちである程度改善してやってたんですが、撤退です。

採算が合わなかった。それと、本国アメリカのベロイト自身が、アメリカの製造業がダメになった時代に廃業しちゃったんです。

渡邉 結局、日本国内のマーケット向けだったからでしょう。北欧のメーカーっていうのは世界中に売ることを考えてますから強い。日本には最初から中途半端な1億2000万人というマーケットがあるんで無理しない。

井川 だから、日本人が英語が苦手なのもそうなんですよ。英語を知らなくても何とかなっちゃうから（笑）。

渡邉　韓国も台湾も国内マーケットだけではどうにもならないので、輸出を前提に考えるんです。それで、学校教育で間違っているのが、「日本は加工貿易国家で輸出国家です」と習わされること。ところが実際には内需が82％ぐらいなので、日本は内需国家なんです。そこに意識的な大きなボタンの掛け違いが生じちゃった。もっと輸出を真剣に考えないとダメなんです。輸出で唯一成功した例は車と建機だけです。

日立建機の部門別の売上高構成比

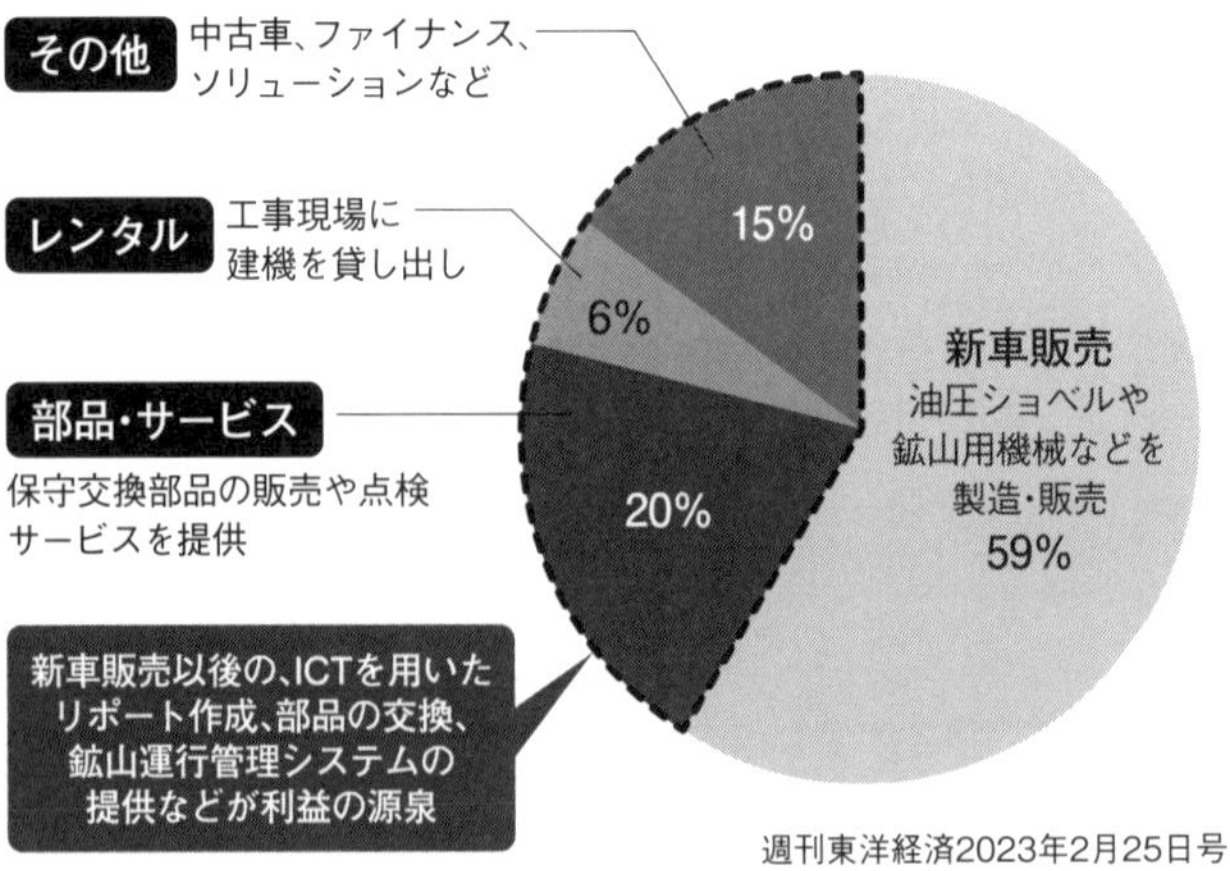

週刊東洋経済2023年2月25日号

第6章

必要なのはシンプルな制度設計

中国の力が低下していちばんメリットを受けるのは日本

井川　すでに日本は国際金融収支で生きている国になっているので、それを製造業主導型に持っていくのには相当なエネルギーが要ると思います。不可能だとは思わないですけれども。

渡邉　よく言うんだけど、日本がいちばん豊かだった時代は1989年以前であって、中国の存在がなかった時代でした。だから中国製品をもし排除することができたら、もしくは中国が世界のメーカーとしての機能を失ったときに、日本は豊かになれる可能性があるってことなんです。

中国の製品が海外で売れなくなれば、他の国でつくるわけでしょう。すると他の国で最終組み上げまでやれる能力がある国って、アメリカと日本とドイツと台湾あたりしかない。そういうことを考えると、中国の力がなくなっていちばんメリットを受けるのは日本だと思います。

井川　間違いないです。中国なんぞ消えてなくなれって感じですけどね（笑）。まあ、サプライチェーンから世界中が中国を外してくれればいいんですけどね。

渡邉　外すように、うまく持って行かなくてはいけません。

井川　せっかくアメリカが音頭を取ってくれているのに、日本政府側がＴｉｋＴｏｋを広報に利用するとか、馬鹿なことを言い出してます。

渡邉　日本の財界のほうが何か中国を大事にしたいっていう気持ちがあるんじゃないですか。中国からキヤノンは逃げ切ったから、もう中国はやめたほうがいいと言えるんだけれど、まだ逃げ切っていない会社は言えないんです。中国政府から嫌がらせを受けるからね（笑）。

でも、実際には日経新聞をとっているような人は、そんなことを言っても中国は重要だという認識を持ってます。私は日経新聞の言うなりにして経営で成功した人を１人も知りません。

井川　（笑）まったくその通りですね。

渡邉　だから、日経の〝逆読み〟が正解なんですよ。いまからちょうど10年前に、日下公人先生との共著で『新聞の経済記事は読むな、バカになる』（ビジネス社）を出しました。そのなかで書いたのは、業界にいて、業界の噂になり、業界誌に載る、という流れを解説したものでした。業界の噂になったときに、これは買いだと踏んだ専門家たちはみんな買っているわけです。裏社会もこのときに情報を得ているわけです。それから日数が経ってから日経新聞に載るわけです。すでに業界通が知っているんで、このときから買ったら遅いわけ。さらに遅れて一般紙に載る。このときにはもう専門家が買わなくなって、嵌め込み先を探しているんです。そしてテレビに出る。そのときにはもう終わっているんですよ。

勘違いだらけのジャーナリズム

井川　別の観点で言うと、先般のトヨタの社長交代もそうだけど、マスコミがトップ人事を半日早く抜こうとすることに、何か意味がありますかね。翌朝10時の記者会見に出て記事を書けばいいわけで、前日の夕刊に載せて何の意味があるのかね。そんなことに血道をあげる下らないものがジャーナリズムなのでしょうか。

新聞社各社が「トヨタのトップ人事は異例」と書き立てたのは、要は新聞社を集めずに発表したからですが、それは新聞社のほうが勘違いしてるだけの話なんです。まだ新聞がこの世の〝主流〟と思ってるんです（笑）。ネットの時代に半日早く抜いてどうするのってことです。くだらないことですよ、昔はお世話になってたから言えなかったけど（笑）。

渡邉 例えば政治で言うと、地震が起きました。そうすると、閣僚に緊急招集がかかります。総理が官邸に15分後に到着しました。主要閣僚が20分後、30分後ってメディアがチェックしてるんです。何の意味がありますか？ いまでは携帯電話もあれば、リモートでもいいわけで、連絡がつきゃいいんだから、担当大臣とね。この大臣は15分で官邸に入った、あの大臣よりも早かった、とか評価される。馬鹿じゃねえか、こいつ、と思います。

井川 本当にそうです。

渡邉 面白いんで、メディアの悪口をもうちょっとやりましょうか（笑）。

井川 やっぱり歪んだ進化をしているというか、どの業界においても、本流で本当のこと、本来の力を発揮できなくなってくると、くだらないことの競争を始めちゃうんです。

駄目だったときの日産とかね。新車が出ると「世界初」ばっかりなんです。世界初の雨滴感能型ワイパーとか、世界初のなんちゃらオートエアコンだとかね。とにかく、次の次のモデルぐらいで消えてなくなるような不要な小手先の技術ばかりでした。だから、本筋の良い車がつくれなくなってくると、枝葉末節のことでプライドを保つというか、競争しようとするんですよね。

渡邉　モリカケ問題と一緒ですよね。

井川　ああ、なるほどね。

渡邉　だって、主軸がどんどん変わっていったじゃないですか。そのうちに何が問題なのかだれもわからなくなっちゃった（笑）。

それでいて結局は重箱の隅を突っついて、政治資金規正法違反だとか、野党が言い出した。たしかに法律を厳格に適用すれば引っ掛かるかもしれないけど、何のためにこれをやってるの？　っていう話で、そんなことばっかりやってるから、野党は信頼を失っちゃった。

井川　それは桜を見る会も同じ図式です。

渡邉　モリカケサクラですね。

井川　お世話になった安倍さんだから味方するわけじゃないけど、ホテルの宴会代とか、サントリーがビールを提供したとか。これを仮に私の嫌いな枝野幸男や辻元清美がやっていたとしても、別にそんなことどうでもええやんと思いますよ。

渡邉　枝葉の問題です。

井川　本当にそうです。

モリカケサクラ　2017年に表面化した「森友学園問題」「加計学園問題」「桜を見る会問題」の総称。利益供与、公職選挙法などが問われたが尻つぼみに終わる。

渡邉　桜を見る会も、神宮外苑が禁酒になったんで、酒も出ないんです。開宴する前の朝8時ぐらいに行って、お土産でもらえるのは一升枡だけです。昔は菰を割って振舞い酒をやってたんだけど、最後はペットボトルのドリンクが並んでました。昔はテキ屋みたいなのが入ってたんだけど、いろいろうるさくなったから、ケータリングのサービス会社の冷凍チンの中華ちまき、肉まん、焼き鳥とかが出てくるだけになっちゃった。そんなものを食べて嬉しい？　まあ何と言ったって総理主催だから、参加することに意義があって、参加するだけで嬉しいかもしれないけれど。だけどね、何か利益供与してるとか、そういうレベルではないと思う（笑）。

井川　たしかに呼んでもらえて、みんなで行ってきたんだよって自慢する程度の話でね。それ以上でもないし、それ以下でもない。

渡邉　キャビアとシャンパンで帝国ホテルのディナーとオードブルが出てたというんだったら、まだ話としてわかるけど……。

井川　結局、メディアは本筋で攻め込めないから、枝葉末節に行くパターンです。だから、どんどん奇形になっていくしかない。

日本はアメリカの属人主義税制を見習うべき

井川　政治の話を続けると、このところ何かと話題になっている河野太郎デジタル大臣について、渡邉さんはどう見てるんでしょうか。世間的にはやっぱり関心を持たれちゃってますから。

渡邉　前回の総裁選のときに、麻生さんが河野太郎に「出るな」と言った。周りもここで我慢すれば、菅さんがダメになったときに、ここで貸しをつくっておけばいずれなれるからと言い含めていた。でも、彼は我慢ができなかった。親分を裏切っちゃったのです。

いまの岸田さんがダメになったときに、次に河野太郎に回ってくるのかといえば、もう絶対に回ってきません。だって貸しをつくってないからです。政界ってヤクザと一緒で親分を裏切った時点でもう無理です。破門されてないだけマシだと思います。

井川　たしかに麻生さんの制止を振り切って、しかも菅さんから見ても面白くない。

渡邉　自分の親分を裏切って、他人の組から出たわけでしょう。結局、それは主要派閥でも何でもないわけですよ、菅グループはね。それで彼を応援したのは石破グループなどだったでしょう。

井川　筋が悪いですよね。

渡邉　応援したのは石破グループとか、反主流派のみでした。宏池会も、いまは茂木派ですが竹下派も応援しません。もちろん麻生派も応援しません。清和会なんか絶対に応援しませんよ。どうやって勝つの？　河野グループの立ち上げですかね？　新自由クラブの立ち上げですか？　親父と一緒？（笑）

井川　親父の血を引いてるのかな？　なるほどな。

渡邉　日本は大統領制じゃない、議会制民主主義ですから。

井川　ひとつだけ彼の目立った政策の中で、年金の財源は〝税金〟であるべきだというものがあって、そこだけは私と一致しているんです。

渡邉　それを実現するためには段階があって、社会保障と別枠で、まずは歳入庁を新設する必要があるんです。

井川　歳入庁。そうですね。

渡邉　主計局と歳入庁を分離して、主計は予算作成のみ。そうしないと、財務省が強くなりすぎるからです。歳入庁をつくって、社会保障と税金を一本化して回収していく。それ

歳入庁　年金未納問題を受け、2000年代から長期に渡って構想されている日本の行政機関。自民党、公明党、そして財務省などが反対している。

と、いま国際化の中で求められているのは、アメリカの属人主義税制の導入なんです。
例えばアメリカの納税義務者は、アメリカ人とアメリカの永住権保有者、90日以上アメリカに滞在している人なんです。この人たちは海外に住んでいても国籍を保有している限り、海外税率との差額を払わされるんです。

井川 地球規模で税制を敷くグローバルタックス（国際連帯税）ですね。

渡邉 はい。これをアメリカは実施しているけど、日本はやっていないから、結局海外に逃げちゃってるんです。例えば、私は海外で日本人相手にＹｏｕＴｕｂｅをやってます。お金は海外でもらっています。これだと、日本国は吸い取られているだけなんですよ。

井川 日本国パスポートを持ってんだから、それはもう世界のどこに行っても税金を取るっていうアメリカ式でやるべきですね。

渡邉 うん、そうです。

井川 アメリカみたいに日本という国家が、国民のパスポートを守ってくれるかどうか疑問です。まあ日本のパスポートには、ビザなしで入れる国が多いっていうだけのメリットしかないんだけど。私の弟は節税のために香港に住んでいて、日本に帰ってくる気はありません。だって香港はキャピタルゲインはゼロだし、所得税だって14～17％ですからね。

総合的に見た弱者の認定が必要

渡邉　だから、そういうのも一律に徴収しないといけません。日本国としては、国富がどんどん流出するだけになってしまう。それといわゆる総合課税制度も必要です。いま日本の税制は、所得にあまりにも〝重き〟が置かれています。例えば高齢者に多いけれども、いまは金利がつかないので金融財産をたくさん持っている高齢者は、所得は〝ゼロ〟に近いわけです。預金だけだったらね。けれども実際は何億円、何十億円と持っている人もたくさんいるわけです。

井川　個人金融資産の60%以上を60歳以上が持っていますからね。

渡邉　そう。逆に若い人たちはたしかに月30万円、40万円の給料をもらってるかもしれないけれども、学費はかかるし、住宅ローンを抱えているという状態です。どちらが弱者かっていう議論をするときに、資産も所得も総合的に見て弱者の〝認定〟をしないと、本来の社会保障とは異なった歪みが出ちゃう。

アメリカは所得と資産両方に対して課税をかける。だから、アメリカ型の総合所得制度と国籍主義と、この2つを実現することによって、税の公平性がかなり担保されます。これを社会保障にまでリンクさせれば、例えば何十億円も持ってるのに後期高齢者で医療費が控除されたり、年金ももらえて、自分の金で老人ホームに入れるのに、公的な老人ホームに入ってるなんて人をチェックできます。

井川　うちのお袋だって、親父から相続したものがあるけどね。だけど、ちょっと言わせてもらうと、親父も生前にはずいぶん税金を払っていますからね（笑）。

しかも、死んだときにも55％も取られていますからね、っていうのはあるんですが、私は基本賛成です。そのほうが総合的に見て、資産家だって払う税金が減るんじゃないかと思います。だって海外に逃げてる連中から取れるんだから。私の弟を追っかけてって取ってください（笑）。

渡邉　海外に逃げてる連中からも取れるし、国内の不公平・不公正をかなり減らすことができる。政府は若い人たちに負担を与えないと示しているけれど、それでは年寄りから一律に取ればいいのかといえば、それはそれでまた違うでしょう。社会保障の公平性をプライオリティとするならば、公的年金も厚生年金なのか、それとも個人なのかでいろいろあるけれども、セーフティーネットでフラットにしちゃえばいいんですよ。

維新の会の年金積立金方式は無理筋

井川　私の考えとしてひとつ言っておきたいことがあります。後期高齢者の医療負担が今回2割負担になったじゃないですか。でも例外規定があって、年収が200万円以下の後期高齢者は1割負担のままなんです。

でも年収200万円以下って、中卒・高卒もしくは大学を卒業して働いている現役世代の20代、30代でも、そういう人はいるわけです。なぜ同じ年収200万円以下なのに年齢で区切るのか。おかしいでしょうってことです。

先の渡邉さんの指摘と繋がるんですが、年齢うんぬんっていう区別はおかしい。それをやるから、ますますシルバー民主主義になるんであって、助けなきゃいけない人、社会保障しなきゃいけない人は、若い人たちなんです。

渡邉　そうですね。

井川　これはある意味、差別だと思うんです。というか、逆差別ですよ、優遇ですから。しかも、いまの年金のシステムから言うと、若い人たちが払っているわけですから。いま、

シルバー民主主義　高齢化社会に伴い、政治家が高齢者を優遇せざるを得ない政治状況になりつつあることを指す。高齢者への偏重は若年層の不満を招き、世代間の対立を招く。

年寄りが得ている年金は若い人からもらっている。

渡邉　若い人に対する負荷方式ですからね。若い人が払った税金が年寄りに行っていて、人口の歪みの部分が年金特別会計で運用されているというだけです。とにかく、弱者の定義が間違っているんですよ。85歳、90歳でも元気に働いている人は働いているわけで……。

井川　永守さんだって元気でいるしね（笑）。

渡邉　かといって20代、30代だって、体調不良で働けない人がいるわけで、これは一律にしたほうがよほど公平だと思います。

井川　そうするとシンプルな制度設計になると思います。

渡邉　日本の社会制度の問題は、古い潰れそうな観光旅館のようになっていることです。建て増しに次ぐ建て増しで、既存設備を残したまま建て増ししているんで、ものすごい複雑で施設内が廊下だらけになっていて、使い勝手がきわめて悪い。だけど、制度自体はなんとか守られている。これをもう一回建て増しじゃなくて、改築をしなければいけない。

井川　いや、本当にその通りだと思います。

渡邉　強者は弱者を救済するべきである。けれども本当の弱者じゃない人を、なんで弱い者が助けなきゃいけないんだっていう話です。

井川 そういうことなんです。だから私は、そこの線引きが間違っていると考えています。本当の弱者って年齢で決めるべきではないでしょう。

渡邉 それもいままで建て増し建て増しでやってきた制度を根底から変える必要はなくて、システム設計を変えるだけでいいわけです。

現在の制度は相互扶助方式です。年金っていうのは積立金方式ではなくて、いま年金を払っている人のお金が年寄りに回っている。この年金についての人口の歪みの部分を、年金基金でGPIF（年金積立金管理運用独立法人）が運用してます。国が税金として、足らない分を半額、税金の中から入れてます。これが年金の制度なんです。

この線引きをするときに、だれを弱者とするか、納付額をどういうふうに決めるか。この〝基準〟の部分だけに触ればいいんです。全部を変えようって主張する、維新の会みたいに「積立金方式にすればいいんだ」とするのは無理筋という話になる。

そうではなくて、この弱者を決める。支給額を決める。税の納付額を決める。これまでは税金と社会保障費を別々の機関に納めてきたけれど、いまはビッグデータがあるわけで、コンピュータで簡単に処理できてしまう。その税率と社会保障区分に合わせた金額をみんな一律に払えば公平でしょう。

経済政策とセーフティーネットを一緒にするな

井川 私は経済に関しては、新自由主義なんですけれども、ただし、安全網であるセーフティーネットはできるだけ〝厚く〟するべきだと考える一人です。そうじゃないと社会がもたないし、新自由主義で恩恵を受ける人間も、その社会が崩れちゃったら、元も子もないわけですから。

渡邉 富裕者が富めば貧困者も富が浸透するトリクルダウンがないと新自由主義は成立しない。

井川 そう。成立しない。

渡邉 それとよくある議論で、経済政策とセーフティーネットを一緒にしちゃ絶対にダメなんです。経済政策だったら経済政策で、セーフティーネットだったらセーフティーネットで、その中間的なものをつくると、非常にいやらしい不公平が生まれます。

井川 例えば、子供手当の問題とか。

渡邉 子供手当もそうです。年収による子供手当てじゃなくて、総合的な制度をつくると

新自由主義　自己責任を基本に小さな政府を推進し、福祉公共サービスなどの縮小、公営事業民営化、グローバル化を前提とした経済政策、規制緩和などの経済政策の体系。

すれば、その制度でABCDに分けて金額を変えればいいんです。扶養手当なり、税額控除をすればいい。本当に困ったところに関しては、最低限の生活ができるようなモデル設計をして、それ以外の人たちにはできるだけ自助でやってもらうとする。

井川　私は子供手当はどちらかというと福祉政策というより社会政策の分野だと思うんですね。社会政策はセーフティーネットとは別じゃないですか。もちろん、子供がいて結果的に働き手がなくなったとか、シングルマザーとか、それはセーフティーネットの部分になるかもしれません。でも基本的に子供を増やそうって

政府が説明する「異次元の少子化対策」3本柱

基本的方向性	主な議論内容
❶児童手当を中心とした経済的支援の強化	▶**児童手当**の増額や対象年齢拡大、所得制限の緩和、撤廃など
❷学童保育などを含む幼児教育や保育サービスの強化、すべての子育て家庭を対象としたサービスの拡充	▶**保育士の配置**基準見直しや給与など**処遇**改善
	▶妊娠時から子育てまで同じ保健師などが相談に乗る**伴走型相談**支援
	▶核家族化で親などから助けを受けられない妊産婦を宿泊や訪問などで支援する**産前・産後ケア**事業の拡充
	▶**未就園児**の一時預かり支援など
❸働き方改革の推進とそれを支える制度の充実	▶育児時間の短さにつながっている**男性の長時間労働の是正**
	▶自営業や非正規など**育児休業給付の対象外の人への給付金**創設
	▶産休・育休後の**職場復帰、キャリア確保**支援など

いう話だから、社会政策だと思うんです。そこに年収制限を持ってくると、わけのわからないことになってしまう。

渡邉　子供を増やすのにいちばん簡単なのは、出産を〝保険〟にすればいいんです。公的保険適用にして無料にすればいい。いまは出産は医療じゃないんです。難産とか帝王切開をすると医療になるんだけどね。現状の出産は自由診療で、保健医療にするのを産婦人科医が反対するんです。

それを出産に伴う費用を公的医療制度の対象とするんです。だから子供を産んだら、出産育児一時金50万円をもらえて、しかも医療費はタダだとする。その上で中学校まで医療費と学費はタダにすればいい。義務教育期間中はね。その後はそれぞれで考えろ、とね。

井川　そうそう、その後もちゃんと優秀な成績を取った連中には、大学卒業までも学費を援助するなり免除するとか対応すればいい。岸田総理が本当に頭が悪いなと思うのは、50万円の出産育児一時金をその場でポンと渡したからといって、子供を産むということは、その後20年間で2千万円ぐらいの負債を抱えるのと一緒ですからね。公立に行かせたって千数百万円かかる。目の前の50万円につられて出産に励むほど、国民はバカじゃないよ。

日本の大学数を3分の2にすれば軍事費が賄える

渡邉 前述のように若年層は所得が低いわけじゃないですか。統合型の補助制度を導入して、学費に関しても、若年層でも月何千万円稼ぐ人、何百万円稼ぐ人がいちばん弱いところを手助けしてあげて、その上で中学までの保障をすればいいんです。中学以上に関しては、海外で大学まで無料だとか言ってるけれど、あれはウソです。あれは大学じゃなくてほとんどが就職のための職業専門学校ですからね。日本の文系の役に立たない勉強をする大学までタダにしているわけじゃないですから。

井川 （笑）ハーバードあたりだと、何年か前は世帯所得が2万ドル以下だと認定されたら、奨学金特待制度が適用されていました。要するに返さなくていいんです。ここが日本と違うんです。

渡邉 日本でも私学で本当に優秀な人たちには、奨学金の返済免除が与えられています。外国人留学生への補助金等は一切やめて、それを全部日本人に充てればいいんです。

井川 ちなみにうちの母はずっと返済不要奨学金を給付する組織をつくるのが夢だったたん

で、親父が死んだ後に「いやさか財団」を設立しました。名前の由縁は母の名前が彌榮子だからです。彌榮は「いやさか」と読めるんです。ホームページも持っています。給付金は年48万円です。いまは運用益が低いんで、なかなか人数は増やせませんがね。

渡邉　だから、日本の大学も内国人、本国人には学費を安くして、外国人には高く払わせればいいんです。さらに外国人への補助金等を全部日本人に回せば、大学の学費が下がります。

でも、何といってもいまの日本は大学が多すぎる。大学の教員を維持するために、高い金を払って外国から人材を呼んできて、大学を維持しているのが現状です。

要らない教員なんかクビを切りゃいいんです。大学への補助金を減らして、それを社会保障費にでも何でも充てりゃいいじゃないですか。産業振興費や軍事費にでも。日本の大学の数を3分の2にするだけで、十二分に軍事費も出ると思うんですよ（笑）。

井川　いまの大学のかなりの部分が結局のところ、公金をチューチュー吸い上げている。ほとんどの大学は、理事長が私物化しているでしょう。オーナーがいる大学ってそうじゃないですか。岡山の加計学園がそうなってきちゃうんですけどね。

渡邉　本来、日本の大学生の数以上の大学は要らないわけです。

井川 要らない。本当にそうです。

渡邉 大学に行きたい人以上の大学は要らないので、それ以外の大学の先生には全員辞めていただいて、人手が足りないコンビニだとかで働いてもらいたい。

井川 ああ、いいですね（笑）。山口二郎みたいなのが法政大学の教授をやっているんですよ。しかも何億円っていう補助金をもらって。

渡邉 科研費ってもともとは科学研究費で、科学のためのお金で、文系のわけのわからない調査をするためのお金じゃないんです。あれは文部省と科学技術庁の予算のはずなんです。文科省に吸収されたときに、文部省のほうが強いもんだから、文系に金が流れるようになっちゃったんです。

井川 なるほどな。

労働力の移民受け入れには反対

井川 日本で賃金が上がらない理由は生産性が上がらないからです。そういう意味で言うと、私は円安が万能薬だとは思わないけれども、円安で日本に産業が〝回帰〟してきて、そこで付加価値をつけて、輸出ができるようになったら、そこからの労働分配として賃金を上げていくことはできます。

したがって、私は〝留学生〟と称した労働力の移民には大反対です。せっかく人手不足で賃金が上がるはずの場面でしょう。外国人労働者の移民奨励は、「風呂の湯を焚け」と言って湯舟の中が熱くなっているところに、上から冷水を入れるような馬鹿げたことだと思います。

ナショナリズムの観点をちょっと横に置いといても経済原理として、日本人のために外国人労働者を入れちゃダメでしょう。仮にこれから日本経済がうまくいくとして、その果実をなんで外国人に与えなきゃならないのかって話です。

まあ、私が携わっていた製紙業には、外国人労働力を移入するという発想は欠片《かけら》もなかったのです。製紙業は熟練が必要なんで、絶対に無理です。例えば営業では英語を使えるよりも、真っ当な日本語が使えないと話になりません。工場の現場では、高校を卒業してから20年経ってやっと主任クラスになるわけです。ちょっとした加減で紙の品質が変わるといった繊細な技術・対応力を要求される。単純労働とは訳が違いますから。

渡邉　移民って人材の〝略奪〟なんです。貧しい国が貧しくあり続ける理由は、優秀な人材を海外に持っていかれるからです。結局、そうした優秀な人材は国を捨てる人です。国を捨てた人が日本に来たとして、景気が悪くなれば日本も捨てますよ。

井川 なるほど、おっしゃる通りです。それがいちばん多いのが中国人です。

渡邉 ナショナリズムとか、自分の住んでるところを良くしようと考えなかったら、やっぱり駄目です。企業だってそうじゃないですか。職を転々とする人って、ずっとそれを続けます。最後まで信頼できないですよ。

胡散臭いことこの上ないプロ経営者

井川 信頼できないといえば、プロ経営者とメディアから扱われている連中で、ろくなのはいないじゃないですか。尊敬できるのは**カルビー**（２２２９）の元会長松本晃さんぐらいです。

渡邉 ほとんどが銀行屋さんです。カルロス・ゴーンがその典型で、ゴーンを賛美したメディアがあったけれど、単に彼がやったのは、資産の切り売りとコストカットだけだった。たしかに日産の内側からコストカットをするのは難しかったかもしれません。けれども、

松本晃（1947～）伊藤忠商事を経て、ジョンソン・エンド・ジョンソン社長、カルビー会長（８期連続増収増益、東証一部上場を果たす）、RIZAPグループ社長などを歴任。

ゴーンは何ひとつ生み出していないじゃないですか。

井川　プロ経営者って言うんだけど、じゃあ、他の社長連中はみんなプロじゃなくてアマチュア経営者なのかって話です（笑）。プロ経営者って日本語自体がおかしいし、胡散臭《うさんくさ》いことこの上ない。会社を渡り歩かないとプロじゃないみたいな響きです。それでは社内で叩き上げた社長ってダメなの、みたいな感じですよ。

あの連中って、基本的に外資出身者が多いんですけれども、外資の日本法人社長って、結局は支店長と一緒です。本社だったら、執行役員にもならない部長レベルです。

そんな連中がちょこちょこっとアメリカ式のドライな感じの振る舞いを見せる。それがあまり経験値のない日本企業には、なんとなく目新しいというか、さすがだなと一瞬思えてしまう。だけど、やってることはまさにゴーンのミニチュア版だったりする。目先の資産を売って、自分がいる間だけ業績を盛るわけ。典型的なのが**マクドナルド**（２７０２）で十何年社長をやった原田泳幸《えいこう》さんとかね。彼が行くところはすべて燃えつきる焼畑農業で、会社をダメにして他所に転じる。自分の高給だけは取ってね。

渡邉　結局、企業が持つ含み益を〝換金〟することによって、企業の業績なんて良く見せられるんですよ。昔買った額面では何十億円の資産がいまは何千億円だったりするわけで、

原田泳幸（1948〜）アップルコンピュータ社長、日本マクドナルド社長、日本マクドナルドホールディングス社長、ベネッセホールディングス社長などを歴任。

それを換金して売って現金化か何かすればきれいに見えるんです。

井川　ハゲタカファンドの内部版ですよね（笑）。村上ファンドのような話です。

渡邉　それを株主に配当として出すと、株主は「ああ、よく配当を出す。こいつは偉い」ということになるんだけど、それって将来の企業の成長のための原資を擲《なげう》ってるだけの話です。

井川　経営者ではないけれども、私は、例えばコンサルタントの大前研一さんは大嫌いだったんですよ。

渡邉　彼はマッキンゼーでしょう。マッキンゼーのコンサルを受けた会社で、うまくいった会社を見たことがないです。というか、いつも言うんだけど、マッキンゼーだけじゃなくて、経営者がコンサル会社のコンサルを受けている時点で、経営者失格なんですよ。だって経営者っていうのは、企業の方針を決めるのが仕事であって、他人の意見に従うようじゃ話にならんでしょう。

井川　会社のトップとはさっきのプロ経営者と違って、その業界のすべてについて精通していなければなりません。例えば製紙会社の社長をやるんだったら、生産部門では製紙機械の技術から営業や研究開発にまで精通してなきゃいけないわけです。

そこに横からコンサルタントが来て、一般的な組織論ぐらいしか言えないレベルで、「こうしたほうがいいですよ」と押し付けてくる。仮にそれが100%当たってたとしても、それを実行できるかどうかは経営者のリーダーシップです。

渡邉　自分で経営方針を決められないんだったら、経営者じゃないですよ。とくにまったく関係のない異業種から社長を呼んだところで業界に人脈もないし、人の繋がりもなければ、生産システムも知らない。そんな人間に会社を任せてる時点で終わってます。

井川　百歩譲ってね、もしかしたらオレのネクタイ歪んでいないかなって鏡を見るくらいのつもりで、気が向いたときにちょっと頼んでみるぐらいだったらいいけれど、それを有り難がって、「さあ、それを実行しましょう」っていう経営者はバカじゃないかと思います。

成功体験により失敗する企業経営者

渡邉　唯一コンサルで成功するとすれば、業務コンサルなんです。キヤノンなんかもやってたり、トヨタもカイゼン方式を海外に売るためにやってたりしました。第三者が入って工場ラインの無駄を見出したり、企業活動における無駄を見出して、それをどうやって効率化をさせていくかというコンサルです。日本の製造業がコンサル部門を持ってやってるわけですが、非常に優秀なんです。

井川　ノウハウの塊ですからね。

渡邉　業務コンサルの部分に関しては必要だけれども、プロ経営者として唯一許されるというか、唯一生きる道があるとすれば、それは金融部門だけですよ。なぜかというと、金融部門というのは、他人を喰う、切り分ける商売だから（笑）。

例えば金融持株会社のトップだったら、いいかもしれないですよ。そこの下にある会社は、自分の持っている資産をどうやって活用して現金化するかしか考えないわけです。ソフトバンクグループみたいなところだったら、コンサルもいいかもしれません（笑）。

井川　たしかに（笑）。

渡邉　楽天は無駄だらけだからどうしようもない。

井川　そうすると孫正義さんの代わりってているかもね。

渡邉　いますね。

井川　本人がいないと思っているだけで、あれは事業会社じゃないですからね、ソフトバンクグループなんて……。

金融持株会社　他の株式会社を支配する目的で、その会社の株式を保有する持株会社（ホールディングカンパニー）のうち子会社とする会社の大半が金融に関する事業を行うもの。

渡邉　だから金融持株会社であれば、プロ経営者の生きる道はあるんです。なぜかというと、そこの下に連なる企業は単なる〝商品〟だからです。しかしながら、製造業をはじめとして、その会社を良くするために、プロ経営者を呼んできたらダメだよってことです。
じゃあ、孫さんだから、例えば半導体設計大手のＡｒｍ（アーム）を買えたのかといえば、それは運良く当たっただけだと思う。目利きの問題はあるけれども、孫さんじゃなかったらできなかったかというと、そうでもなかったかもしれない。アリババのジャック・マーとの人間関係があったからできたかもしれない。ただ、アップル、Ｙａｈｏｏ！とけっこううまく渡り合えているのは確かでしょう。
井川　孫さんを見ていたら、親父の言葉を思い出しました。「企業経営者は成功体験によって〝失敗〟する」、これって本当でしたね。結局、アリババで成功したから、２匹目、３匹目、１００匹目のドジョウまで狙って、いまはこうなっちゃっているわけですから、成功体験を忘れられないんです。

孫正義氏は他人物ビジネスの天才

渡邉 もともとソフトバンクという会社はADSL（電話回線によるインターネット接続技術）の普及から始まった。そもそも自分のところの回線は、NTTの局のなかに安く借りてたものだったんです。後はインターネット接続だけで、接続のバックボーンはNTTのものでした。

その後にうまくいったのは、2006年に日本市場に参入していたボーダフォン（Vodafone）から譲渡される形で、ソフトバンクという携帯電話会社が成立したことでした。ボーダフォンの前は、J-PHONE（ジェイフォン）で他人資産なわけです。それでボーダフォンを買収して、もともとAppleとつながりがあってiPhoneを導入したことでソフトバンクはうまくいったんだけど、考えてみれば全部他人物なんです。

井川 それって要するにブローカーですよね。そういうふうに整理していただくと、ソフトバンクグループのすべてがブローカービジネスなのがよくわかります。

渡邉 ブローカーだし、同時に背後にあるのは金融モデルなんです。スマホを売るときにはリース方式にして、リースの第三者会社をつくった。ADSLモデムも顧客にローンを負わせて、タダということだけれど、キックバックで片付ける。結果的には、ローンを背負ってるのは各顧客なわけです。これは全部他人物の金融モデルなんです。そういう意味では、孫正義さんは金融の天才ではあります。でもモノは何もつくってません。

井川　そういう発想は私からは湧いてこない。社会に出て以来、ずっとメーカーにいましたからね。逆に言うと、そういうスキームを考えられることに感心します。目端が効いているというか、孫さんはビジネスマンというより商売人です。

ソフトバンク売上高 セグメント別

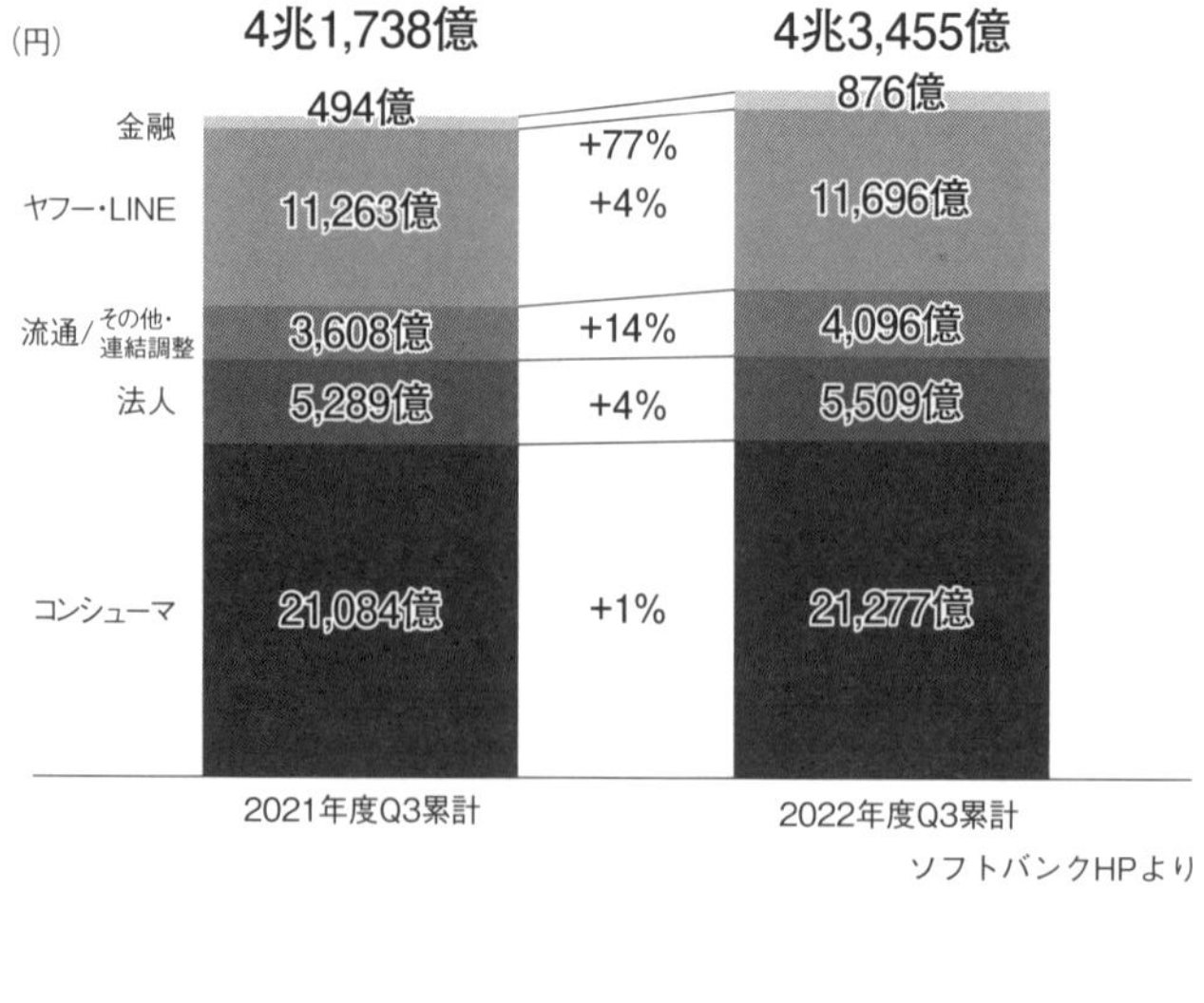

ソフトバンクHPより

渡邉 Ｙａｈｏｏ！だってアメリカのＹａｈｏｏ！のシステムを日本に持ってきただけです。スマホ決済サービスＰａｙＰａｙ（ペイペイ）だって、あれはｐａｙｔｍ（ペイティーエム）というインドの会社のシステムを日本に持ってきただけです。その前には携帯電話のポータビリティ制度（ＭＮＰ）を利用して、格安通話の分野で大暴れしましたが、それもまた他人物ビジネスですね。

井川 それは一種のバッタ屋（正規ルートを通さず安く仕入れた商品を安く売る人）ですね。私は孫さんには会ったことはないけれど、親友である経済評論家の佐藤尊徳さんから彼のエピソードを聞かされて、そんなに悪いイメージは抱いてないんです。何と言うか、三木谷氏とは違って陽性だし、なんとなく憎めない。嫌いではないんですよ。三木谷氏が失敗したら、「おお、それ見たか」ってなるかもしれないけれども、孫さんには失敗してもらいたいとは思わないですね。失敗したら、「ああ、お気の毒に」と思うでしょう。孫さんに対しては、失敗してしまえ、という気にはならない。

渡邉 金融屋であって、博打打ちですよね。

井川 ああ、それでシンパシーを感じるのか（笑）。博打繋がりか（笑）。

渡邉 だって全部博打じゃないですか。

井川　まあそうです。あの人のことでいちばん好きなのはね、Ｔｗｉｔｔｅｒを始めた頃にあの人がおでこの広さのことを指摘されて、「私の生え際が後退しているのではありません。私が前進しすぎているんです。それに髪の毛がついてこられないだけです」って返したんです。そういうことを逆立ちしても三木谷氏は言えない。孫さんの自虐が言えるところが好きだな。

渡邉　その孫さんが日本という国家を食い始めたのが目立ってきたのは、メガソーラーあたりでしょうか。

井川　そうです。２０１２年から開始した、再生可能エネルギー発電の固定買取価格制度（通称ＦＩＴ）でした。

渡邉　ＦＩＴを民主党に仕掛けたのは、もともと孫さんだった。あのあたりから国の資産というか国家そのものを換金しようと動き出したわけです。そのときから「これはダメだな」という認識を私は持ちました。金融屋でうまくやってればいいのにね。結局、あの人はモノをつくっていないんです。

井川　おっしゃる通りです。私もあのときに「はっ」と思いました。

渡邉　三木谷氏のほうは、まだ自分で楽天というシステムそのものはつくったので、その

メガソーラー　東日本大震災から2カ月後に開かれた参議院委員会に孫正義が参考人として登場。原発の代替として太陽光を推し、各地にメガソーラーが誕生するきっかけとなった。

点は他人物のＹａｈｏｏ！を借りてきたよりはまだましです。グループ傘下に**Ｚホールディングス**（４６８９）という持ち株会社をつくって、孫さんはアスクル、ＺＯＺＯなどを手に入れてきました。これらは全部買収です。良くも悪くもね。

ある意味で気の毒な楽天三木谷氏

渡邉　そういえばホリエモンも大きくなる途中では買収戦略でしたね、失敗したけど。

井川　買収もそうだけれど、むしろあそこは株式をどんどん分割したり、仕組み社債を出したりとかして、どんどん違う方向へ進みましたね。だって、売り上げがまだ百数十億円のときに時価総額が１兆円とか言ってましたからね。まあ、ネットバブルだったたっていうこともあるけれど。

渡邉　ＩＴバブルだったし、孫さんと堀江さんとはちょっと経営者として種類が違うかな。ホリエモンは金融屋といえばそうなんだろうけれど、ただ急ぎすぎたし、株式のブローカーみたいな感じがする。

井川　そうです。ライブドアだってとくに実態はなかったです。

渡邉　金融商品をつくった人であって、孫さんみたいに実体経済、インフラに入り込んで、インフラを改修しよう、インフラを切り売りしようというほどの人ではない。

井川　そうそう。そういう発想を持つタイプの人ではないんだよね。

渡邉　種類が違う。

井川　最近、ロケット打ち上げに熱を上げているのは、少年の夢みたいな部分でしょうね。

渡邉　あれは趣味みたいなもんですよ。前澤友作（前ZOZOTOWN社長）さんの宇宙旅行と一緒ですよ。そういえば前澤さんも仕組みはつくったけれど、モノはつくってません。

井川　仕組みも、たまたま当たっただけですね。彼には何も不愉快な思いをさせられたことはないです。

けれども前澤さんは、宝くじを当てただけの人だと思います。2400億円の宝くじを当てた。私が尊敬しているサイバーエージェントの藤田晋君や**GMOインターネットグループ**（9449）の熊谷正寿さんとは経営者としての質が違う。

渡邉　サイバーエージェントはインターネット業界での広告事業の先駆けでした。次にメディア事業「ABEMA」の自前運営を行っています。そして、ひろゆき君は匿名掲示板「2ちゃんねる」の開設者。本人はつくったとは言わないけれど、もともとあった仕組みを広げただけだってすごいことだと思います。何でもいいから、ひとつでも新しいものをつくっている人はモノが違うと思います。

井川　さっき言った藤田君と熊谷さんは、どちらも若いときに会社が何度か潰れそうになって苦労した。その度、血反吐《へど》を吐きながら乗り越えてきたんです。うちの親父もそれだったんです。大学を出てすぐに会社が潰れた。その経験が一定の謙虚さや見識を身に付けたんだと、私は思ってます。

繰り返しになるけれど、三木谷氏もある意味で気の毒なんです。若いときからうまくいきすぎちゃって、あっという間に成功して挫折《ざせつ》を踏んでいないんですよ。ITバブルが弾けたときも屋台骨まで響かなかったし、若くして数千億円の資産を持てば、人間はだれだってああなりますって。自分がつくった会社じゃないけど、私も若い頃を振り返ってみると、祖父親父から受け継いだ売上5000億円の会社の経営者で金にも困っていないとなれば、人間、傲慢《ごうまん》になります。それで刑務所にまで行くようなハメになった。

三木谷氏は還暦になって、初めて経営危機に直面している。だから、新春会合で楽天市場に出店する5万6000店の出店者に対し「楽天モバイルへの加入」を要請するという、実にみっともない姿を晒した。

渡邉　第1章で示したように、楽天が国内モバイル分野に4番手で参入したのは無謀きわまるチャレンジだった。世界の常識からも狂気の沙汰と言えた。しかも彼は創業者のメンタルを備えている。仮に今後モバイル4番手として生き残れるなら、称讃しても仕切れない快挙だと思う。経営者の品評会みたいになりましたけど、悪意はないのでみなさん、訴えないでください（笑）。

おわりに

井川意高

渡邉さんとは、文化人放送局「猫組長の経済セミナー」で、ご一緒させていただいたことが、お付き合いの始まりです。

猫組長（菅原潮）さんには、「私は、経営はともかく経済の専門知識なんかありませんよ」と伝えたのですが、「何でもいいんです。政治でも経済でも、ギャンブルについてでも」と言われて、生来目立ちたがり屋の私はついつい応諾してしまい、いまでは月1回準レギュラーで、呼んでいただくまでになりました。

番組でご一緒するたび、渡邉さんの博覧強記ぶりには舌を巻いてます。

経済であろうが政治であろうが、あるいは現在の国際情勢から、最新テクノロジーに至るまで、上っ面の知識ではなく微にいり細にいり、裏の裏の事情事実まで、なぜこんなに頭に入っているのだろう、覚えていられるのだろうと、渡邉さんには感嘆の連続です。

今回、対談本出版のお話をいただいたときも、私が話せるのは、刑務所ネタとギャンブルネタだけなので、ほとんど聞き役になってしまいますよと、ビジネス社の唐津さんにはお話ししたのですが。

刑務所ネタだけではどうかと思ったのか、唐津さんが大王製紙に関するエピソードと経営者論にテーマをふってくれました。

すると、あに図らんや生来のお喋り者である私の本領発揮で、テーマも右へ左へ、前に行ったり戻ったりで、収拾がつかないほどの大放談会になってしまいました。

唐津さんもどのテーマのどの内容を取り上げるか苦慮されたことと思います。


どのテーマについても、ありきたりのオブラートに包んだような語り口では読者もつまらないかと考え、思いきって生々しい表現も多用しています。

とくに経営者論については「そもそも経営者失格のお前がなにを偉そうに」というご批判を覚悟のうえで、あえて思いのままをストレートな表現で語っています。

まあ、人生では失敗したけど、経営そのものでは失敗と呼べるまでのことはしていない（経営者としては失格な）人間のたわ言と、流していただけるとありがたいです。

接してきた経営者の数だけは多いのでなかには「まあ、そうかもな」と、うなずいていただける部分もあるかもしれません。

あがってきた原稿をみた渡邉さんが猫組長さんに、

「どんなジャンルの本になるんですか？」

と訊かれて、

「いやあ、なんというか、どんなジャンルとも言えない不思議な、でもすごく面白い本ですよ」

と苦笑されているのを横で眺めていました。


この本を手に取り読んでくださった方々と、対談の機会を与えて下さった渡邉さん、唐津さんへの感謝の言葉で、筆をおかせていただこうと思います。

ありがとうございました。

著者略歴

井川意高（いかわ・もとたか）

1964年、京都府生まれ。東京大学法学部卒業後、1987年に大王製紙に入社。2007年6月、大王製紙代表取締役社長に就任、2011年6～9月に同会長を務める。社長・会長を務めていた2010年から2011年にかけて、シンガポールやマカオにおけるカジノでの使用目的で子会社から総額約106億8000万円を借り入れていた事実が発覚、2011年11月、会社法違反（特別背任）の容疑で東京地検特捜部に逮捕される。懲役4年の実刑判決が確定し、2013年10月から2016年12月まで3年2カ月間服役した。著書に累計15万部のベストセラーとなった『熔ける 大王製紙前会長 井川意高の懺悔録』（双葉社、のちに幻冬舎文庫）のほか、『熔ける 再び　そして会社も失った』『東大から刑務所へ』（幻冬舎）がある。

渡邉哲也（わたなべ・てつや）

作家・経済評論家。1969年生まれ。日本大学法学部経営法学科卒業。貿易会社に勤務した後、独立。複数の企業運営などに携わる。大手掲示板での欧米経済、韓国経済などの評論が話題となり、2009年、『本当にヤバイ！ 欧州経済』（彩図社）を出版、欧州危機を警告し大反響を呼んだ。 内外の経済・政治情勢のリサーチや分析に定評があり、さまざまな政策立案の支援から、雑誌の企画・監修まで幅広く活動を行っている。 著書に『習近平の本当の敵は中国人民だった！』『韓国はどこに消えた!?』『プーチン大恐慌』（以上、ビジネス社）、『経済封鎖される中国　アジアの盟主になる日本』（徳間書店）、『世界と日本経済大予測2023～24』（PHP研究所）、『今だからこそ、知りたい「仮想通貨」の真実』（ワック）など多数。

取材協力／銀座　日本料理穂の花
http://www.ginzahonoka.com/
文化人放送局
https://bunkajintv.com/
編集協力／加藤鉱　町田幸美
撮　　影／牟田義仁

熔《と》ける日本の会社

2023年4月12日　　第1刷発行

著　者　井川意高　渡邉哲也
発行者　唐津隆
発行所　株式会社ビジネス社
〒162-0805　東京都新宿区矢来町114番地
神楽坂高橋ビル5階
電話 03(5227)1602　FAX 03(5227)1603
https://www.business-sha.co.jp

カバー印刷・本文印刷・製本／半七写真印刷工業株式会社
〈装幀〉大谷昌稔
〈本文DTP〉茂呂田剛（エムアンドケイ）
〈営業担当〉山口健志　〈編集担当〉本田朋子

ISBN978-4-8284-2512-2